中国驻中东大使话中东

黎巴嫩

刘振堂 著

策划 杨文学 主编 时延春

执行主编 王 平 马学林 苏海英

世界知识出版社

图书在版编目（CIP）数据

中国驻中东大使话中东.黎巴嫩 / 刘振堂著. —北京：世界知识出版社，2011.12

ISBN 978-7-5012-4197-2

Ⅰ.①中… Ⅱ. ①刘… Ⅲ. ①黎巴嫩—概况 Ⅳ. ①K937

中国版本图书馆CIP数据核字（2011）第247510号

书　　名	**中国驻中东大使话中东——黎巴嫩** Zhongguo Zhu Zhongdongdashi Huazhongdong—Libanen
作　　者	刘振堂
责任编辑	龚玲琳　张　萱
责任出版	刘　喆
责任校对	陈可望
出版发行	世界知识出版社
地址邮编	北京市东城区干面胡同51号（100010）
网　　址	www.wap1934.com　www.ao1934.org
联系电话	010-65265919（直销）　010-85118126（发行）
经　　销	新华书店
内文制作	北京世知文化创意有限公司
印　　刷	世界知识印刷厂
开本印张	880×1230毫米　1/32　6印张　1插页
字　　数	130千字
版次印次	2012年1月第一版　2012年1月第一次印刷
标准书号	ISBN 978-7-5012-4197-2
定　　价	25.00元

总 序

中国同中东地区国家友好交往的历史源远流长，人民间的友谊深厚而牢固。新中国成立后，中国与中东地区国家的友好合作翻开了新的一页。中国坚持独立自主的和平外交政策，本着互利共赢的原则，为实现中东地区和平稳定，推动中东国家经济发展发挥了积极和建设性的作用。中国与中东国家的关系展现出更广阔的前景。

《中国驻中东大使话中东》既反映了中东国家的情况，也是一部全面记录中国与中东国家友谊与合作的系列丛书。它回顾了60年来新中国外交特别是对中东国家外交的光辉历程，以生动、真实的语言，丰富的图片记载了中国与中东国家团结一致、通力合作谋发展的成功经验；反映了中国与中东地区所发生的巨大变化以及取得的举世瞩目的成就。

《中国驻中东大使话中东》融入了我国外交界专家对中东问题研究所取得的丰硕成果，阐述了作者对中东国家有关问题精辟独到的见解，它的出版凝聚了中国外交界、出版界等几代人的期盼与努力。《中国驻中东大使话中东》知识面广、语言生动，可以帮助中国人民更全面地了解中东国家的历史和现状，为促进中国与中东各国的友好交流打下更牢固的群众基础。

《中国驻中东大使话中东》出版之际，我谨向作者表示祝贺，感谢他们多年来为推动中国同中东地区国家关系的发展做出的不懈努力。与此同时，我也希望该书能够鼓励更多的朋友投入到中国同中东地区国家友好事业当中，进一步增进双方人民的了解和友谊，为双方的合作开拓更美好的未来。

全国人大常委会前副委员长
中国—阿拉伯友好协会会长
铁木尔·达瓦买提
2011年10月于北京

前言

中东大地，乃神奇之地也。这片广阔的地域，举世瞩目，是世人向往的地方。

中东的称谓颇有一番考究。这是沿袭欧洲人的说法而形成的一种政治地理概念。昔日欧洲人把距欧洲近的国家称为近东，把距欧洲远的东方国家称为远东，把介于两者之间的地区称为中近东，后简称为中东。中东地区的居民以信奉伊斯兰教的阿拉伯民族为主，有阿拉伯国家联盟22个成员国。因此，阿拉伯世界构成中东地区的主体。此外，中东地区还包括土耳其、伊朗、以色列等非阿拉伯国家。

中东地区之所以颇具神奇色彩，因为它具有足以体现神奇特色的要素。第一，中东地区具有显赫而重要的战略地位。该地区为战略要冲，是连接欧、亚、非三大洲的枢纽地区，自古以来就是国际交通要道。第二，中东地区具有悠久历史和灿烂文化。它是人类文明特别是人类早期文明重要发祥地，具有7000年有文字记载的历史。尼罗河文明和两河流域文明在人类文化宝库中放射出奇光异彩。位于西亚的耶路撒冷是犹太教、基督教和伊斯兰教的圣地，沙特阿拉伯的麦加城是伊斯兰教的第一圣城，也是伊斯兰教的中心。第三，中东地区具有丰富的资源，形成了一个巨大的市场。它盛产石油，石油储量占世界石油总储量的2/3左右。尤其是海湾地区，享有“石油之海”之称。丰富的油气资源使该地区成为巨大的石油市场、商品市场、劳务市场、金融市场、军火市场和商品贸易市场。第四，中东地区热点问题集中，是国际社会关注的焦点。多少世纪以来，该地区一直是兵家必争之地。“二战”以来，该地区经历了四次中东战争、黎巴嫩战争、也门战争、两伊战争、海湾战争、伊拉克战争、利比亚战争等重大历史事件。热点问题接连不断，如伊拉克问题、伊朗核问题、反恐问题、苏丹达尔富尔问题、巴以冲突问题、诸多中东国家动乱问题等，均为世人关注。

中国与中东各国人民之间的友谊源远流长。两千多年前的丝绸之路是一条友谊之路、通商之路、文化交流之路。这条路越走越宽。进入新世纪，中国与中东各国之间的传统友谊不断发展，在政治上相互支持，在经济上互利合作，在国际事务中协调配合。这种友谊的长河就像中国的黄河、长江和中东地区的尼罗河、幼发拉底河及底格里斯河一样，奔流不息。

人们对于中东地区的事态发展，对中国与中东国家友好合作关系的深入发展给予越来越多的关心，他们希望能出版一套有关这方面的丛书。杨文学先生就是一位热心人。杨文学是宁夏人，回族。他既是一位企业家，也是一位慈善家。他积极参加社会活动，担任世界杰出回商协会会长。他致力于推动中国与中东各国尤其是中国与阿拉伯国家友好关系的发展。他提出了创作、出版《中国驻中东大使话中东》丛书的设想，并表示愿为出版该套丛书提供资助。他找到我，希望我承担这套丛书的组稿，担任主编。我长期以来从事中东、阿拉伯地区工作，欣然答应了他的提议。我请了一批长期从事该地区工作的同志作为撰稿人，他们中多数是老大使和老外交官。我对他们的积极合作和辛勤努力表示衷心的感谢。

《中国驻中东大使话中东》丛书全面介绍中东各国的历史、政治、经济、文化、教育、风情民俗、名胜古迹等。作者以亲历者的视角描述发生在自己身边的轶闻趣事，介绍中国与中东各国的历史交往和友好合作关系的发展。因此，这套丛书被视为权威之作、精品之作，具有较强的知识性、趣味性和可读性，希望能受到读者的欢迎。

此套丛书的出版得到有关人士如马学林，责任编辑龚玲琳、张萱等同志的大力支持，特表谢意。

丛书主编　中国前驻也门、叙利亚大使

时延春

2011年10月

引言

我是宁夏人，世袭回族。从孩提时代起，我这位穆斯林的脑海中有两大要义不能忘记。一是我所信仰的伊斯兰教源于沙特阿拉伯的麦加，我所仰慕的麦加清真寺、麦地那清真寺和阿克萨清真寺，这三大清真寺均在中东阿拉伯地区。二是我心目中的丝绸之路是条神圣之路，我的故乡宁夏是丝绸之路的必经之地。这是一条友好之路，也是一条通商之路和文化交流之路，宁夏为丝绸之路的畅通和发展作出了重要贡献。

丝绸之路开创了中国与中东阿拉伯地区经贸交流与合作的先河。两千多年来，这种交往从未中断。新中国成立前，由于当时历史环境所造成的种种原因，双方的经贸合作跌入低谷。新中国成立后特别是改革开放以来，双方经贸关系不断发展。20世纪50年代初，双方贸易额不足1亿美元。1978年，双方贸易额仅为10亿美元。改革开放后，双方经贸关系迅速发展。2008年，中国与西亚、北非地区国家贸易总额近1787.58亿美元，其中中国与阿拉伯国家贸易总额为1328.39亿美元。2010年，中国与西亚北非地区国家贸易总额增至1970.5亿美元，其中，中国与阿拉伯国家贸易总额为1454.6亿美元。双方的经贸合作已扩大到能源、商品、资金、科技、市场、相互投资、工程承包、劳务、通信、人力培训等各领域，互利共赢的前景非常可观。

中国和中东阿拉伯世界都具有悠久的历史和灿烂的文明，都是人类文明特别是人类早期文明重要的发祥地，都对人类文明作出过重大贡献。两大文明交相辉映，不断交流，相互借鉴，为人类文明留下了许多珍贵的文化遗产，备受世人称赞。双方的友好往来可以追溯到久远的历史年代。昔日，那些令人钦佩的开拓者们披荆斩棘、乘风破浪，开辟了丝绸之路和香料之路。7世纪，伊斯兰教创始人穆罕默德就曾说过："求知虽远在中国，亦应前往。"新中国成立后，中国与中东阿拉伯地区国家间的文化交流不断加深。双方在文化、教育、艺术、科技、医学、卫生、新闻、体育、旅游、宗教等方面的交流不断向前发展。中华文明与伊斯兰文明都面临着继承和发扬传统文化精华，吸收人类文明进步成果，积极推动多样化世界和谐发展的任务。这两大文明协调并进，为推动世界文明的进步作出新的贡献。可以预见，丝绸之路上的文化交流之花将会开得更加灿烂。

我欣喜地看到，中国与阿拉伯地区国家之间友好合作关系在不断发展，我愿为推动这一关系的发展尽一份微薄之力。为了让更多的人了解中东阿拉伯地区国家，我提议出版一套《中国驻中东大使话中东》丛书。我的这一倡议得到有关人士的积极响应和大力支持。这套丛书的作者多为老大使和老外交官。他们曾长期在该地区工作，为推动中国与该地区国家间友好的合作关系的发展献出了毕生精力。他们是这一友好合作关系发展的见证人和参与者，有丰富的外交工作的实践经验，对该地区国家有深入了解和独到见解。他们以亲历者视角撰写该套丛书，从而增加了丛书的权威性和实用性。他们在书中提供了大量的第一手资料，并配有大量照片和图片，图文并茂，并作了生动、细致的描绘，从而增加了图书的知识性、趣味性和可读性。我对作者们的辛勤努力表示衷心的感谢，对铁木尔·达瓦买提副委员长作总序深表谢意和敬意。让我们共同努力，推动中国与中东阿拉伯地区国家间友好合作关系进一步发展。

丛书投资、策划者　世界杰出回商协会会长

杨文滨

2011年10月

目　录

第一章 概况

国名 黎巴嫩共和国（The Republic of Lebanon）

面积 10452平方千米

首都 贝鲁特（Beirut）

人口 约400万，由伊斯兰教和基督教的18个教派组成；在海外的黎侨、黎裔相当于国内人口的三四倍。

独立日 1943年11月22日

三权首脑 总统 米歇尔·苏莱曼，2008.5.25。

总理 纳吉布·米卡提，2011.1.25提名，6.13组阁。

议长 纳比赫·贝里，1992至今。

简史 公元前3000年，阿拉伯半岛的迦南人来此定居。公元前2000年成为腓尼基的一部分，后相继受古埃及、亚述、巴比伦、波斯和希腊、罗马等帝国统治。7世纪中叶并入阿拉伯版图。16世纪初，被奥斯曼帝国占领并统治。第一次世界大战后，成为法国委任统治地，法国高级专员于1920年宣布成立“大黎巴嫩”。1943年11月22日，黎宣布独立并成立共和国。1946年12月，法国、英国军队全部撤离。1957年夏蒙总统接受艾森豪威尔主义；1958年7月伊拉克革命后，美军在贝鲁特登陆，10月末被迫撤离。1967年中东战争、苏伊士运河封闭后，黎巴嫩成为波斯湾国家商品转口中心。20世纪70

1920年9月1日在松树宫——法国总督府举行“大黎巴嫩”成立仪式

年代前半叶，黎巴嫩经济空前繁荣。1975年爆发长达16年的内战，损失惨重。1989年通过《塔伊夫协议》，实现各派停火。1992年议会恢复中断20年的选举后，拉菲克·哈里里组阁，开始战后重建进程。

自然地理 位于地中海东岸，北和东与叙利亚接壤，南邻以色列，西濒地中海，海岸线长220千米，国土状似栎树叶。黎巴嫩山几乎纵观南北，最高峰3083米，积雪长达八九个月。东部贝卡谷地盛产谷物、水果和蔬菜。主要河流有利塔尼河、哈斯巴尼河等。

气候 黎属亚热带地中海气候，夏季干旱，冬季多雨，10月至次年4月为雨季，沿海年均降水量为800~1000毫米，山区达1200毫米。

行政区　全国分为八个省：贝鲁特、北方、阿卡、南方、山区、纳巴蒂耶、巴尔贝克和霍尔梅勒省。

第二章　国内政情

第一节　政体与权力架构

黎巴嫩实行建立在宗教派别分权基础上的代议制民主共和政体。1943年独立时，基督教占人口总数53%，穆斯林占46%。两派达成口头协议，以当时的教派实力为基础分配权力：总统由基督教马龙派人士担任，由议会选举产生；议长由伊斯兰教什叶派人士担任；总理由伊斯兰教逊尼派人士担任。多年来，基督教由于大量移民国外和出生率较低，占总人口的比例只剩不足四成；而穆斯林人口却大量增加，逊尼派和什叶派人口比例分别各占三成多。1989年签署的《塔伊夫协议》在相当程度上削弱了基督教派权力，增强了穆斯林派权力。目前，黎仍沿袭《塔伊夫协议》规定的政权架构。

总统

总统是国家元首、武装部队最高司令。根据宪法，总统由议会以秘密投票方式选举产生，任期为6年，期满后不可连选连任，过6年方可再次参加竞选。总统得在议会同意的情况下任命总理、部长或撤销他们的职务；总统在获得内阁同意后，可下令解散议会。总统可以主持内阁会议，但不参加投票；可发布命令颁布特赦，并依照法律宣布大赦。《塔伊夫协议》签署后，总统的权限受到削弱，如宣布和取消全国及部分地区的紧急状态等权限转到了内阁。

黎巴嫩自独立至2008年5月，共产生了12任总统。

议会

黎巴嫩议会为一院制。议员由普选产生，任期4年。每次大选须在议会届满前60天举行。候选人应属于其选区的某宗教派别，年满21岁的男女公民均有选举权和被选举权（2009年3月改为年满18岁）。黎巴嫩独立以来共产生过14届议会，其中第9届议会于1972年4月产生，后因国内局势长期动荡不安而延任5次，直至1992年才选举产生第10届议会。

根据1960年4月26日通过的法律，议会由99名议员组成。1992年黎巴嫩议会通过新的选举法，决定将议席增至128席。

宪法规定，议会是行使立法权的唯一机构，其职能主要有：制定法律；选举总统；批准总统及内阁人选，对其进行信任或不信任投票；讨论并批准有关国家财政、经济方面的协定以及有效期为一年以上的任何条约；批准国家预算，通过重大对外政策事项，决定修改宪法。

黎巴嫩议会每年举行两次例会。第一次在3月15日后的第一个星期二至5月底；第二次在10月15日后的第一个星期二至12月底。主要讨论年度预算。议会的决议均以多数表决通过。如果出席议会的议员未过半数，则议会会议无效。

议员在任内所发表的意见和主张不受法律的追究，非经议会批准议员不受法院控告和逮捕，但现行犯除外。议员可同时兼任内阁部长。

每届新议会产生后，其第一次会议应在一位年长的议员主持下召开，并由两名最年轻的议员担任秘书，以秘密投票的方式分别选举议长和副议长，获得绝对多数票者当选。按有关协议规定，副议长由希腊东正教人士担任。

议会下设15个委员会：外交及侨民委员会，国防、内政及市政委员会，行政及司法委员会，财政及预算委员会，移民事务委员会，卫生、劳工及社会事务委员会、教育和高教及文化委员会，青年和体育委员会，农业及旅游委员会，经贸、工业及计划委员会，公共工程、交通及能源水利委员会，人权委员会，环保委员会，新闻及电信委员会，妇女儿童委员会。

第14届议会于2009年6月产生，共有议员128名，基督教和穆斯林两派平分。

政府

总理是政府首脑，领导内阁，并担任最高国防委员会副主席。内阁是国家权力的执行机构，军队归其领导，内阁的权力包括：

（1）为国家制定各项方针政策、法律草案等，并通过必要的决议加以实施；

（2）监督法律、规章的执行，负责国家民事、军事、安全等所有机构的工作；

（3）讨论国家重大议题。这些议题需三分之二的内阁成员同意才具有法律效力。重大议题的范围包括：修改宪法、宣布实施或取消紧急状态、战争、和平、总动员、国际条约、国家预算、任命一级公务员、解散议会、通过选举法、免除部长职务等。

自黎巴嫩独立至2009年11月共产生49任总理。

军队

黎巴嫩1943年11月22日从法国手中争得政治上的独立后，与法国委任当局就军队指挥权的问题，于1945年7月12日在什图拉达成协议，8月1日零时移交军事指挥权，黎军从此开始行使维护黎巴嫩国家主权和国家统一的使命。

根据宪法规定，共和国总统为武装力量最高统帅。

最高国防委员会是黎巴嫩国家安全的最高决策机构。主席为共和国总统，副主席为政府总理，成员有国防部长、外交部长、财政部长、内政部长和经贸部长。军队司令以顾问身份出席会议。委员会下设秘书处，由一名将级军官任秘书长。

军事委员会是黎军最高决策机构。主席为军队司令，副主席为参谋长，成员包括国防部行政总局局长、国防部总监、最高国防委员会秘书长和一名准将以上军衔的专职委员。根据教派分治原则，上述六名军委委员由马龙派、希腊东正教、希腊天主教、穆斯林什叶派、逊尼派和德鲁兹派六大教派人士分别担任。

国防部长由文职人员担任，其所领导的国防部是黎政府内的军事部门，为黎最高军事行政机构，负责贯彻执行内阁会议决定的国防建设，包括军队与地方部门关系的协调、提供防务咨询和建议、进行国际军事交往等。

军队司令的任命系根据国防部长提议，从现役的基督教马龙派高级军官中选拔，并授中将军衔，行政上接受国防部长的领导。

参谋长的任命由国防部长征询军队司令意见后提名，内阁决定。参谋长在现役的穆斯林德鲁兹派将级军官中选拔，授少将衔。

在军队司令缺席期间，参谋长代理军队司令并行使其职权。

黎全国分为五个军区，由军区司令部直接领导。五个军区包括：贝鲁特军区、山区军区、北部军区、南部军区和贝卡军区。

此外，黎内部治安军相当于武装警察部队。内部治安军总局和总监察局隶属于内政部长领导，总局设局长一名（即内部治安军司令），由逊尼派的现役军官、警官或文职人员担任。下设：参谋部，中央管理局，地区治安警察司令部，机动警察司令部，贝鲁特警察司令部，刑事侦缉司令部（即司法警察司令部），使团，公共部门安全机构以及内部治安军总监察局。

第二节　斑斓纷繁的政党

黎巴嫩的政党是阿拉伯国家中最多的，说它集其他所有阿拉伯国家政党之总和也不为过。从19世纪初到1988年，各类政党、社团总数逾千个。排在第565号的竟然是“中国共产党”，该党系1970年注册，由凯撒·哈耶克领衔，总部设在贝卡谷地的扎赫莱。黎巴嫩独立近70年以来，许多政党已经消亡，现存的政党仍有70多个。

众多政党在黎巴嫩有适宜的滋生和成长的土壤。第一次世界大战后，在法国委任统治下，受法国自由民主思想影响深刻；建国后，实行多党议会代议制民主体制，各派政治力量、各教派、各家族都要依托政党参政议政，维护各自的利益；国家和政府权威有限，国民自由度大，为形形色色的外来势力、外来影响广开方便之门，与境外雷同的政党或有外国背景的政党随之而生。

黎巴嫩政党的最大特点是以教派、族群为出发点和归宿。除了黎巴嫩共产党、叙利亚社会民族党、阿拉伯复兴社会党等少数世俗政党外，其他政党几乎都具有浓厚的教派色彩。如未来阵线主要代表逊尼派利益，真主党、阿迈勒运动主要代表什叶派利益，社会进步党和黎巴嫩民主党主要代表德鲁兹派利益，长枪党、自由国民阵线和黎巴嫩力量主要代表基督教马龙派利益，塔什纳克党（亚美尼亚革命联盟）、汉夏克党（亚美尼亚社会民主党）和拉姆加瓦尔党（亚美尼亚自由民主党）主要代表亚美尼亚族裔的利益。

而各教派、族群又分布在黎巴嫩各不同的区域，所以在某种程度上，这些政党更代表了特定区域的利益，如未来阵线之于贝鲁特和赛达，真主党和阿迈勒运动之于南方和贝卡谷地，社会进步党之于舒夫山区和阿莱，马龙派各党之于卡斯拉旺、麦顿、朱拜勒（比布鲁斯）和朱尼耶。

有些政党主要靠家族内父子或兄弟传承。例如：1.长枪党，它是基督教派最大的政党，由老皮埃尔·杰马耶勒创建，内战中，尤其是老皮埃尔·杰马耶勒逝世后，党内发生分裂，领导权曾几度旁落。老皮埃尔·杰马耶勒之子阿明·杰马耶勒2000年流亡归来，在“雪松革命”后，长枪党重新统一，阿明·杰马耶勒当选为长枪党主席。2.未来阵线，是前总理拉菲克·哈里里自沙特返回后，组建的集政治、社会、经济、慈善诸功能于一体的松散社会团体。哈里里遇刺后，由其子萨阿德·哈里里继任主席，“雪松革命”之后，成为议会第一大党。3. 自由国民党，系前总统加米耶·夏蒙离职后于1959年组建，1985年其次子、“猛虎团”司令丹尼·夏蒙继任主席。1990年丹尼·夏蒙遭暗杀身亡，其兄杜里·夏蒙于翌年当选该党主席。4. 社会进步党，是由德鲁兹著名政治家卡迈勒·琼布拉特于1949年创建的，内战后曾与伊斯兰各派组建“爱国运动”，拥有2000人武装，与基督教势力对垒。1977年卡迈勒被暗杀后，其独生子瓦利德·琼布拉特继任党主席。

黎巴嫩政党的另一个特点是，党魁起关键性作用，其个人命运往往决定其党的存亡兴衰。许多早期成立的政党，因领导人的过世或流亡而走向衰落。如由前总统埃米尔·埃迪1943年建立的民族集团党，他1949年过世后，由其子雷蒙·埃迪接任主席。雷蒙1976年遇刺脱险后长期远避法国，其政党实力因而大大削弱。他2000年在法国逝世后，由其侄接任主席，采取温和政策。

相当多的黎巴嫩政党组织松散，没有明确的政治纲领、政治路线多变、未建党员登记制度、缺乏牢固的基层组织。内战期间许多年轻人入党，是为加入民兵，领取酬劳，混口饭吃，到战争末期，又纷纷脱党。

一些政党立党宗旨是反对政治封建主义即教派主义，但最后自己还是难脱封建的窠臼。如叙利亚社会民族党是泛大叙利亚即肥沃新月地区党，其组织扩展到伊拉克、叙利亚、约旦和巴勒斯坦等国家，其党章就要求党员有义务发展自己的家庭成员，要将党的标志——小风轮布置于家中。

长枪党前主席扎亚德·莫尼尔·哈吉曾感慨道，他父辈的名声竟成为人们推动他从事政治活动的动因，是社会的压力令他加入长枪党，就连他父亲都为之吃惊。为避家族之嫌，他作了入党宣誓。他与长枪党前主席乔治·萨阿德为圣约瑟夫大学校友，当时长枪党对该校影响巨大。虽然长枪党是黎巴嫩各政党中最反对封建世袭的党派之一，但仍然摆脱不了家族的影子。

黎巴嫩政党的第三个特点是广受外来影响，有的政党是外部政党的分支，还有的是效忠于外国的领袖。

受埃及“七·二六”革命的影响，黎巴嫩成立了4个纳赛尔政党：以前教育部长穆拉德为首的人民运动，其基础主要在贝卡中部；以乌萨迈·萨阿德为首的纳赛尔人民组织，以赛达为活动中心；以卡利拉特为首的民主纳赛尔运动，其民兵称“穆拉比通”，卡利拉流亡法国后，由阿蒂夫·伊德利斯任总书记，以贝鲁特西区为基地；以夏蒂拉为首的人民大会组织，在贝鲁特中、下层穆斯林中较有影响，夏蒂拉曾流亡埃及16年，2000年返国。随着埃及地位与政策的变化，黎巴嫩的各纳赛尔组织或多或少受到波及。

黎巴嫩本有两个“阿拉伯复兴社会党”，简称复兴党，一个亲叙利亚，另一个亲伊拉克，两党对立。亲伊拉克的复兴党总书记为阿卜杜·马吉德·拉法伊，该党主要活动范围在南方。因纳赛尔党主张的“自由、社会主义、统一”与复兴党主张的“统一、自由、社会主义”如出一辙，故与纳赛尔派关系较好。叙利亚在黎巴嫩内战后占主导地位，迫使亲伊拉克的复兴党转入地下，书记拉法伊流亡伊拉克。

黎巴嫩共产党是国际共运的产物。1924年10月24日建党，从黎巴嫩人民党和部分工会组织演变而来。苏联想完全控制它，第一次中东战争后发生分裂。它对推动议会通过1946年的《劳动法》和1965年的《社会保障法》起了积极作用，先后出版《人道主义报》、《红色曙光》、《人民斗争》、《人民之声》、《呼声》和《爱国主义文化》等多种刊物。对中共、苏共之间的分歧，前总书记夏威站在苏共一边；苏联垮台后他以为社会主义已终结，便决定将黎共的出版社、印刷厂、电视台、电台低价出售。现总书记达哈鲁吉认为，社会主义是长期目标，当今目标是更新现存制度，建立不分教派的世俗的民主制度，并实行向穷人和中层倾斜的发展政策。

真主党和阿迈勒运动是内战后崛起的政党，超越个人和家族，组织健全，目标明确，得到叙利亚和伊朗的强有力支持，从而提升了什叶派的地位。尤其真主党，超脱国家主义，崇尚并忠于伊斯兰革命领袖霍梅尼和哈梅内伊的思想。

还有的党派奉行亲以色列政策，如萨米尔·贾加为首的黎巴嫩力量，在内战期间曾与以色列结盟，接受以色列的装备和培训。内战期间成立的雪松卫队采取极端亲以色列方针，其主席阿塔扬·萨格拉公开欢迎以色列1982年入侵黎巴嫩，并宣称雪松卫队参与了萨卜拉和夏蒂拉两难民营大屠杀，宣称“以色列强则黎巴嫩强，叙利亚强则黎巴嫩弱”。雪松卫队被政府宣布解散后，总部迁到南黎“安全区”；以色列军从南黎撤走，萨格拉也随之去以色列定居。

黎巴嫩政党还有一个特点是多变和充斥暴力。在内战期间，这方面更为明显，今日结盟，明天反目，反复地分裂与合并。部分政党政策的调整几乎是180度。如1992年由前黎军政府总理米歇尔·奥恩将军组建的自由国民阵线，初始成员大多为1990年流亡法国、反对叙利亚驻军的各教派人士。2005年，奥恩返黎后，成为议会最大的基督教议会党团，2006年2月与真主党结盟，成为亲伊朗、叙利亚的反对派（“三八阵营”）中的重要力量，它赞扬伊朗、叙利亚对黎巴嫩和平进程及地区稳定发挥了重要作用。

社会进步党在黎巴嫩内战结束后，主张黎巴嫩与叙利亚建立特殊关系。以色列从南黎撤军后，琼布拉特强烈反对拉胡德总统连任，并成为“雪松革命”及反叙联盟“三一四力量”的主要领导人之一。2009年议会选举后，该党与议会多数派以及西方和阿拉伯温和国家拉开距离，愿与伊朗、叙利亚和议会反对派加强合作。

暴力几乎使所有黎巴嫩政党都受到了伤害，绝大多数党派领导人遭遇过绑架、暗杀或武力威胁。除外部因素外，相当部分的暴力是各党派相互之间使用的，甚至是在本党、本教派之内兵戎相见。

以纳赛尔人民组织主席穆斯塔法·萨阿德为例。萨阿德1951年生于赛达一逊尼派家庭，1975年在苏联获农业工程学士学位，娶俄罗斯姑娘为妻，育有二子二女。他刚从父亲马卢夫承继主席之位不久，就爆发了黎巴嫩内战，先后于1985年、1987年、1995年三次遭遇暗杀。1985年1月21日，其座车被炸，导致双目失明，牙床走形，面部深度烧伤。长女坐在其车后座，不幸被炸身亡。萨受伤后，身体状况一直欠佳，于2002年7月辞世，落下了黎巴嫩内忧外患大背景下个人悲剧的一幕。

强大的真主党

1. 诞生背景及纲领

真主党的产生是内外三大因素促成的。一是黎巴嫩什叶派在萨达尔教长的指导下组织起来，争取公平的生存权；二是伊朗伊斯兰革命对黎巴嫩什叶派青年产生直接的影响；三是以色列在美国默许下不断入侵黎巴嫩，激化了民族矛盾。就在伊朗伊斯兰革命胜利三年后、在以色列1982年入侵黎巴嫩期间，作为武装抵抗运动的真主党便应运而生。其初期纲领是解放耶路撒冷，口号是“前进，向耶路撒冷前进”。它以什叶派殉教观为基本准则，主张“为真主党而牺牲”，天堂只能通过牺牲才能达到。以先知穆罕默德圣裔为尊，崇拜阿里、法蒂玛、哈桑、侯赛因和宰乃卜。成年男子必须蓄须，但要修边幅；服装以黑色为主，且有固定格式，着衬衣必须系风纪扣，衣襟散在裤外，不得系领带；颂经回应、见面致意和言及家庭都有一套专用词语；公共场合举止严肃、不苟言笑。

2.站在反以色列最前线

当今，黎巴嫩最神气的政党恐怕就数真主党了。20多年来，它对以色列的武装行动几乎没有停止过，仅仅以色列向它发动的大规模军事报复行动就不下四次。可是真主党越打越壮，竟在2000年将滞留在黎巴嫩南部“安全区”的以色列军队和以色列扶植的南黎军赶了出去。但以色列没有撤出黎巴嫩和叙利亚坚称属于黎领土的谢巴农场等小块区域，真主党就坚持不放弃武装，继续抵抗以色列的占领。

以色列预备役少校阿里夫·拉兹曾对80年代中期在黎巴嫩南部的险恶经历做了如下描述：

真主党民兵的手段要比想象的先进得多，且在交火时十分勇敢。1984年，以色列上校亚伯拉罕率防爆部队清理爆炸物，在数百米外的一位抵抗分子手控起爆另一爆炸物，致使上校当场殒命。在以色列部队进行反攻时，又被路旁地雷击中。此时，一位以色列军官发现真主党的一面旗帜挂在路旁杆子上，他称其房间正需要这样一面旗帜作掩护，刚要扯下，发现它被连接在一个填满炸药的管子上。真主党事先预料到以色列军人必定要扯下旗帜。由于爆炸物太多，致使乘直升机也穷于应付。与以色列合作的村民常常受真主党袭击，真主党在他们的车上安置炸弹。起初，这些村民常找以军来清除。由于风险太大，以方提出要么整车炸掉，要么你们自己拆弹。后来村民们宁愿自拆，也不叫以方帮忙了。

到头来仿佛草木皆兵，以色列对一切可疑之物品或痕迹都插上危险标志，如一个新土堆，被踏倒的草。为防反坦克雷，在坦克前部安装一个被称作“怪物”的防雷小车，但这也防不了自杀式汽车炸弹。这类汽车的门都被焊死，内装自控和遥控两套引爆装置，在主炸人临阵改变主意时，遥控装置依然可以引爆。

阿里夫少校称，真主党的地雷花样在不断翻新，80年代末，地雷的引线系金属双杆式，或晾衣夹遥控式，很难被发现。到90年代初，多为遥控加定时。更为棘手的是连环雷，第一雷爆炸后，第二雷专门针对营救人员，曾炸死参加营救的四名军官，他们未穿防护服，且多人聚集在一起。90年代中期开始，真主党几乎用正规军战法：第一波打过往部队，第二波对付救护部队，第三波针对拆雷兵，用迫击炮，配合连环地雷。这类爆炸物功能各异，从针对人体的空腔式到充满铁块的穿甲式，还有弹跳冲击式。在哈什比亚，一位以军联络官和三名随从被弹跳冲击式爆炸物炸死。关键的问题在于，真主党民兵了解以色列行动路线和方式，知己知彼，让真主党总是掌握主动权。以色列军为防真主党民兵窥测，在道路的北侧安装了屏布，后来又装上水泥屏板。

另据以色列统计，自1978年至2000年4月以军撤出黎南，近700名官兵被打死。

2006年7月13日，真主党在黎巴嫩边界袭击以色列军车，击毙8人、击伤29人、俘虏2人。对此，以色列作出超常反应，轰炸贝鲁特机场、发电站和油库，炸毁贝鲁特南郊的真主党总部大楼、伊朗驻贝鲁特使馆周边的桥梁、贝鲁特至大马士革公路大桥，以及所有贝鲁特通向南方的公路桥涵。在这33天的战争中，真主党虽在设施上受到重创，但在黎巴嫩政坛上的地位却直线上升，众多阿拉伯民众视真主党总书记纳斯鲁拉为阿拉伯世界的抗以民族英雄。而以色列，作为中东综合军力最强的一方，竟与一个民兵武装打成平手，非但没有消灭真主党，首次未实现与阿拉伯方作战每战必胜的目标，还使以色列北方百万居民饱受战乱之苦。翌年，以色列总参谋长被迫引咎辞职。

3. 将抵抗成果转为政治成果

随后，真主党联手自由国民阵线、阿迈勒运动等黎巴嫩反对派，利用此次黎以武装冲突后反西方民意的上升，在贝鲁特市中心举行百万人规模的扎寨示威，不断向政府发动政治攻势，并最终利用2008年5月真主党与多数派武装冲突中获得的优势，推动黎巴嫩各派签订《多哈协议》，成功地将反对派的军事胜利转化为政治胜利，如愿得到内阁“1/3+1”的席位，首次得以通过“协议”方式，使真主党所代表的抵抗运动与人民和军队相提并论，加强了真主党的合法性，真主党对黎巴嫩政治的影响力大幅上升。

真主党是从阿迈勒运动脱胎而来的。它自诞生之日起，就接受伊朗革命卫队正规培训，加之不间断地进行实战，从而成为一个组织严密、训练有素、行动有效的抵抗运动。其主要组织机构有大会、协商委员会、政治局、执行委员会、司法委员会等。协商委员会是真主党核心领导机构，由7名成员组成。

1992年2月，真主党前总书记穆萨维被以色列武装直升机射杀，哈桑·纳斯鲁拉接任并连任至今。纳斯鲁拉上台后，奉行较前任温和的政策，引导真主党由抵抗运动向政党转变并参政。

2009年11月，真主党第8次代表大会决定与时俱进，调整政策，除坚持武装抵抗以色列、反对以色列的庇护者美国、保持同伊朗和叙利亚的特殊关系之外，宣布放弃在黎巴嫩建立伊朗模式的伊斯兰政权的初衷，强调真主党的黎巴嫩属性，将更好地融于黎巴嫩社会，抵抗运动将由“解放力量”转变为“防卫力量”等。其纲领强调：1.致力于维护国内和平和社会公正平等、保障公民自由、建立符合黎民族、宗教特征的各教派和睦共处的国家；2.包括真主党在内的社会各个方面都应有效地参政，以维护国家的多元与稳定；3.推动黎巴嫩进行政治、行政和经济改革，建立法治国家，维护无权者和弱者的利益，实现全国的均衡发展；4.真主党是一支独立的力量，以伊朗最高领袖哈梅内伊为思想导师，但并非听命于伊朗，也无意在黎巴嫩建立伊朗模式的伊斯兰政权。

真主党正式成员逾两万，参加了1992年、1996年、2000年、2005年和2009年议会选举。在2005年6月的议会选举中赢得了14席，在2008年7月组成的内阁中拥有一名部长。2009年，在6月的议会选举中赢得了12席，在11月组成的萨阿德·哈里里内阁中拥有两名部长。

真主党被美国、以色列、加拿大和澳大利亚等国及欧洲议会列为“恐怖组织”。但法国、德国、英国等国与真主党保持联系。

真主党非常重视宣传工作，设有“灯塔”电视台和“光明”广播电台，发行周报《消息报》等。还拥有自己的出版社、学校和慈善机构。此外，还设立五个公益性机构，分别为烈士、卫生、教育、重建和农业。以卫生机构为例，下辖5座医院，收费不到私立医院的30%，还有32个诊所和两所卫校。

4. 真主党领袖

总书记纳斯鲁拉祖籍苏尔市的巴祖利亚县，为生活所迫举家迁到贝鲁特南郊的卡兰提纳镇。他本在桑纳费勒读高中，因1975年内战爆发，便转到老家苏尔续读高中。他在弟兄中排行第九，其父希望他长大后成为一名医生，可是他自幼对伊斯兰教着迷，特崇拜萨达尔教长，15岁就加入了阿迈勒运动的前身——被剥夺权力者运动。后被派到伊拉克的纳杰夫进修什叶派教义，在那里结识了后来任真主党总书记的阿巴斯·穆萨维，视之为兄长、挚友和师长，穆萨维常为其买书、买衣服，提供零花钱。

伊拉克当局指控黎巴嫩来的宗教学生与阿迈勒运动、叙利亚情报局和伊朗政权有瓜葛，便予以逮捕或驱逐。纳斯鲁拉返回黎巴嫩后，即加入了阿迈勒运动，1979年升为贝卡地区政治事务负责人，1982年当选为政治局委员。1982年以色列入侵黎巴嫩时，阿迈勒运动领导人贝里主张参加政府的拯救机制，而内部强硬派认为参选总统巴希尔·杰马耶勒——“黎巴嫩力量”领导人，与以色列过从甚密，不可与巴希尔为伍。其结果是一大批强硬的阿迈勒运动成员分裂出去，与“伊斯兰抵抗运动”、“伊斯兰学生联盟”、“伊斯兰呼声组织”等在抵抗以色列占领的旗帜下，统一在“真主党”名下。

当初，纳斯鲁拉并非真主党最高领导机构——协商委员会的成员，他仅仅是巴尔贝克区组委会成员，负责武装抵抗的动员工作，后接连擢升为巴尔贝克区、贝卡地区负责人。调到贝鲁特后，先后任贝鲁特区政治负责人和真主党执行委员会负责人，负责实施协商委员会的决议。由于他与部分同事有歧见，他本人也想去伊朗库姆深造，真主党批准他1989~1990年赴伊朗，后因真主党与阿迈勒运动发生冲突，他遂被召回。1991年5月穆萨维当选总书记时，他重新担纲执行委员会。

1992年2月16日以色列暗杀穆萨维后，他被一致推举为总书记，尽管他当时还不是副总书记，且比协商委员会所有成员年龄都小。由于他与穆萨维高度一致，判若一人，加之两度执委会任内奠定了广泛的群众基础，他虽以年龄小，又无对外交往经验为由，一再谦让，协商委员会仍力主他执牛耳。1993年他干完穆萨维的任期后，又连续当选。

纳斯鲁拉中等个头，圆脸阔额，皮肤微黑，从其衣着及黑头缠，一眼就看得出他是有先知血统的什叶派教士。他为人谦和达礼，个人爱好是读书，包括敌对的以色列领导人沙龙和内塔尼亚胡的回忆录。谈起中国，他十分赞赏中国一贯坚持正义的立场，认为受欺负的人总应同情受压迫者，期望中国能对实现国际公正和均衡发挥更大的作用。

纳斯鲁拉1987年成家，其妻法蒂玛·亚辛系苏尔阿巴斯亚县人，育有4子，长子哈迪在1997年9月15日以色列轰炸其家时身亡。如今，他每回到家中，脱下代表圣裔的黑缠头，便充当一位普通的丈夫和父亲。他的理想是将来重新返回学校，有朝一日成为宗教法学家。

第三节　教派的“联合国”

黎巴嫩是中东国家中教派最多的国家，这与黎巴嫩所处的东西文化交界点不无关系，也与自然地理环境相关，准确地说是人文、地理和国际与地区政治相互交织、既冲突又妥协的结果。

一、教派繁多

黎巴嫩区位独特，在世界其他地区很难在找到类似的地方。依山傍水，背靠亚洲大陆，面向欧洲、非洲，成为欧洲通向阿拉伯半岛乃至非洲最便捷的陆路通道之一。纵深的高山峡谷又成为宗教“异端”、少数派和受欺压的少数族群逃亡避难的去处。如今，教派总数达18个。

属基督教的有马龙派、希腊东正教、希腊天主教、叙利亚东正教、叙利亚天主教、亚美尼亚东正教、亚美尼亚天主教、科普特东正教、拉丁教派、聂斯脱里派（景教）、迦勒底派、新教。

属伊斯兰教派的有逊尼派、什叶派、德鲁兹派、阿拉维派和伊斯马仪派。

此外，还有犹太教派。

的确，黎巴嫩共和国正是建立在众多教派基础上的。这样繁杂的教派架构是所有黎巴嫩人意想不到的。他们之间的相互抵牾又相互渗透并非事先设计好了的，也不是从其他国家得到什么启示，而是长期共同生活在一个特定区域造就的一种特殊的现实。虽说常常争吵到要分家的地步，却又棒打不散，互有需要，依然惺惺相惜地聚拢在一个屋檐之下。

当你参加黎巴嫩大型的官方正式活动，往往会看到在其他国家罕见的景象，每位宗教人士都着本教的服饰，帽子的特色尤为显眼。

马龙派主教——偏圆形黑帽，平顶如花瓣状，有26瓣，中心开4个小气孔，后边连黑纱，可遮住全部后脑勺。大主教一般戴便帽，以黑亮绸缝制，呈半球状。在主持宗教仪式时，戴着类似梵蒂冈红衣主教的高冠。

东正教主教——仿佛学士帽裁去四周大部分，留下圆顶，顶边宽2.5~3厘米。

逊尼派的"共和国穆夫蒂"——土耳其式红毡筒帽，带一束穗头，外缠倒圆锥台状白布。

德鲁兹教士——红顶白筒帽，顶留三气孔。

亚美尼亚天主教——黑尖头蓬式帽，向后及两侧下垂，正面观为"人字"形。

什叶派教士——大的环形头缠，自额头裹至头顶。若圣裔，为黑色；若非圣裔，为白色。

冠盖种类之多，似乎不亚于联大会议的现场。至于宗教仪式，即使在同宗各教派之间，也有多方差别。以东正教派与马龙派为例：

祈祷，东正教派延续3小时；马龙派半小时。

圣餐，前者圣饼形状不规则，蘸红酒（代表耶稣血）；后者圣饼为圆形，蘸盐或不蘸盐均可。

洗礼，前者一般无时限，但必须全身洗；后者必须在出生40天内，仅在额头点水。

婚礼，前者男右女左；后者男左女右。

黎巴嫩各教派宗教人士的胡须也不相同。

德鲁兹人自称是统一论者，所以长老们的胡须不加任何修饰，任其自然生长，同时所有宗教人士不留发。

什叶派神职人员将胡须作为本派重要标志，上层毛拉的胡须外缘稍作修剪，中层宗教人士则修剪得短些，约1厘米，一般宗教人士蓄络腮胡子。

东正教上层神职人员也蓄胡，最长部位在下巴，约半厘米，面部其他部位胡子很短，脖子至两腮刮得很干净。

马龙派高级神职人员嘴巴周边留一圈胡子，下巴处胡子稍长，在0.5~1厘米，总体呈半椭圆形。普通神职人员不留胡须，甚至贝鲁特教区主教也无胡须。

逊尼派的穆夫蒂蓄络腮胡，修得均匀整齐。

1. 马龙派的来龙去脉

马龙派系7世纪叙利亚修道士圣约翰·马龙正式创立，承认基督有神人二性，但意志是单一的，曾被视为异端。18世纪初马龙教会承认了罗马教会的最高领导权，但依然保持自己的独立性，拥有自己的教阶和传统礼仪，使用古叙利亚语。奥斯曼帝国统治时期，得到法国的庇护，1920年实现自治，成立“大黎巴嫩”。1943年独立时，马龙派在教派分权中获得主导地位。内战后，按《塔伊夫协议》，马龙派保留了总统与武装部队总司令的职位，但权力削弱了。

“马龙”名字的首次出现在流亡的教士约翰于404~405年寄回来的一封信件中，他要求为马龙祈祷。第二次出现在埃斯卡夫·古尔希（423~458年）的文稿中，称马龙享有广泛的赞誉，他为自己修了茅草屋，但很少去住，而是选择在野外共同生活，那里曾是魔鬼当道，而今众望所归，拜物教的山峰向他低下了头。他不满足于流于俗套的虔敬事务，而是独创性地从事强化他人的善行，蒐集智慧的财富。

至于马龙生卒年代、出生地和修道所，以及他创立马龙学说的初衷，已无稽可考。

马龙派产生与发展的背景是清晰的。它萌发于叙利亚北部的独立自主意识，既要抵制以拜占庭帝国为代表的西方殖民主义，又要应对伊斯兰教义的传播与伊斯兰国家的兴起，它把东方各基督教派统一起来，抗衡腹背重压。结果并不成功，一部分马龙派同拜占庭、十字军以及后来的欧美国家结盟；另一部分则同阿拉伯帝国、后来的伊斯兰国家结盟。最终独立的观念占了上风，放弃了双重结盟，内部重归于好。

独立之后，马龙派又处于新的忧患之中。西方不是祖国，不能为西方当枪使；与伊斯兰的阿拉伯为邻不容选择，但又怕被当做异类消灭；接受罗马教皇领导，却谨防被其他基督教派同化其教义。

马龙派第一座教堂为玛拉·马马教堂，749年建于伊赫顿，是在拜物教神庙的废墟上建造赶来的，系中东地区最早的教堂，而今，马龙派更多的教堂集中在朱尼耶湾一带。马龙派聚居在黎巴嫩北部和中部沿海地带，而其政教中心在卡斯拉旺县，县府在朱尼耶。所靠之山称“阿利莎”，在500米高的山腰上有马龙派大主教驻跸地，称贝卡尔基。三层白墙红瓦的主楼坐西朝东，方形大院，可容纳数千人祈祷。临院一侧有如颐和园万寿山排云殿的人字形台阶，右上左下，大主教就是站在台阶交汇处主持仪式，接受教民团拜。

再上行300米，是一座能容纳300人的古教堂，入门处绘

马龙派大主教驻跸地——巴卡尔基

有天主、圣父、圣子三位一体图，神坛后墙依次绘有20多位圣徒像。其北200米处的山包上是建于1904年的微型圆锥状教堂，约20米高，在顶部矗立着6米高的圣玛利亚青铜雕像，雕像身涂白漆，头戴桂冠，俯视大海。其背后不远处是内战后倚山建造的现代风格大教堂，高80多米，长百米，分上下两层，上层可容纳1200人。神坛之上用不锈钢管制作的十字架，足有3人高，人字形顶棚及神坛背墙均嵌透明玻璃，采自然光。座位依山势渐次抬高。自空中鸟瞰整个建筑，宛如一株雪松，从两侧看，颇似古腓尼基的雪松木船。

这方圆不足两平方千米的慢坡林地，是全世界400万马龙派教徒的精神中心。索菲尔大主教是黎巴嫩马龙派第88任牧首，系罗马教皇领导之下的安提阿及全东方牧首。

要达到主教的层次，需经过四个阶梯。首先，要进神学院完成五年学业，毕业后可选修管理、法律等专业继续深造。初级神甫必熟悉经书并能加之阐释；升中级神甫，需深谙经典要领和精髓，可协助举行某方面的宗教仪式；晋级高级神甫，成为执事，能洞悉神秘，管理教堂，充当主教助手。马龙派神职人员一般是未婚者，但按现行教规，神甫可为已婚者，但必须是初婚者，且所娶女子不得是寡妇或离异者；升为神甫后则不可结婚。最优秀的且未婚或已婚丧偶的执事，才可能擢升为主教，主教主管教区和修道院。在黎巴嫩国内外，主教一级的高级神职人员共30位。

马龙派修士制度始于1699年，现有修士280多名，修女100多名，分散在黎巴嫩国内外17个修道院及21个教区中，受贝卡尔基牧首领导，职责是"为社会、教会和马龙派服务"，至今，已为基督教世界奉献了三位圣徒，其中包括2001年被封圣的拉芙卡修女。

卡斯利克圣心大学（神学院）是培养马龙派神甫的摇篮，在贝鲁特的希克迈特教会学校培养了许多像纪伯伦一样的人才。教会医院的管理也相当精到，我曾参观过位于朱尼耶湾山坡上的圣心医院，它主要为朱尼耶及其以北至阿卡镇的教民服务，每年接诊1.4万人次。四层楼的小医院管理得井井有条、一尘不染，与周边自然环境十分协调。它大概算得上世界最卫生的医院了。院长是修士，曾获博士学位，看上去只有40岁左右，颇具气质和风度。

马龙派曾是黎巴嫩的主体，因宗教信仰的关系，许多知识宗教界人士，接受的是西方教育，同西方有广泛的联系，所以，反对奥斯曼帝国统治为主线的阿拉伯民族主义思潮，率先在马龙派知识分子中形成。奥斯曼统治者以伊斯兰为国教，对马龙派信加歧视，激起强烈反抗，为黎巴嫩其后的独立埋下了种子。许多马龙派知识分子为逃脱镇压，纷纷逃往周边阿拉伯国家避难，对当地的民族独立运动又起到了推波助澜的作用。埃及的《金字塔报》就是由两名马龙派知识青年创办的，它对埃及的觉醒与独立发挥了历史性作用。

2. 神奇的德鲁兹教派

德鲁兹是伊斯兰教什叶派下属的一个特殊派别。它源于埃及，兴于黎巴嫩山区。其创始者系波斯皮毛商人哈姆扎·伊本·阿里。哈姆扎1017年进入埃及，成为第一个什叶派王朝——法蒂玛王朝第六任哈里发哈基姆的宗教代言人，劝化什叶派传教士穆罕默德·达拉齐接受哈基姆的教义。1019年，他们在开罗宣称当朝哈里发哈基姆是真主的化身。哈姆扎自称伊玛目（大教长），在开罗附近建立传教组织并宣称，他不是代表一个教派，而是代表一个超越传统伊斯兰教的独立宗教，遭到埃及人的普遍反对。1021年，哈姆扎宣称，哈基姆为考验其信徒而暂时隐遁。达拉齐被迫迁徙到黎巴嫩山区，并传播哈姆扎的教义，信仰者被称作“德鲁兹”，系从“达拉齐”演绎而成；哈姆扎则被奉为德鲁兹人的“神”，是隐遁的伊玛目（大教长）。他重现之日，将降福人间，带来光明，脱困排难。所以，德鲁兹教派自称为“光明的子民”。

德鲁兹学者认为，该教派准确的称谓应是“穆瓦黑顿”，意为一神一元论者，即生与死、善与恶、宗教与哲学等，尽管千变万化，最终归一。它坚信灵魂是不灭的，多行善积德，轮回再生必有好报。主张求知博学、修身养性、净化心灵。它以伊斯兰教为本源，广泛汲取百家学说的精华，包括中国的儒家、道家、希腊柏拉图和印度瑜伽等学说，还撷取新、旧约《圣经》的精髓。德鲁兹教义主张简化礼仪，不把斋、不朝觐、不举行每日五次的祈祷、不用清真寺……看来，德鲁兹教义颇似中国佛教最大的教派——禅宗。禅宗主张“传佛心印”，认为觉悟成佛不需外求，不必读经，不用礼佛。“禅”系梵文音译，意为静坐沉思，布道师达拉齐及后来的“识秘者”与禅宗的创始人慧能何其相似乃尔。更为神奇的是，德鲁兹人由于吸纳了中国的许多传统学说，对中华文化有认同感，视中国人为“亲戚”。相信过世之后，灵魂脱离肉体，要到中国去托生转世，自然对中国更增加一层亲情。迄今，德鲁兹人中间还流传这样的诗句：前往中国的人们，替我向不在的人致意，我在天上隐遁了数载，快让他们开启城门。

德鲁兹教派将信众分为两个层次，宗教领袖人物是洞悉神灵奥秘的“识秘者”（阿格勒），是宗教的权威，精神的支柱。普罗大众则是“无知者”，必须听命于“识秘者”。“识秘者”分为几级，经过长期的隐居、默念、钻研和修炼，达到最纯境界者，通晓哈基姆真谛，才能成为“阿法维德”（宽容者）。如今修行到“谢赫”（长老）一级的有三千人左右，他们的标志是头戴平顶白边筒形紫红色帽；再高一级有几十人，头戴上细下粗筒形白帽；最高一级属顶级长老，造诣极深，为数寥寥无几，头戴中段少许隆起的腰鼓状斜水波纹白帽。20世纪70年代，黎巴嫩曾有四位顶级长老，当我第二次出使黎巴嫩时，只剩下两位了。他们在舒夫山上有独处的隐修室，地上铺木板或兽皮，壁龛上排放经卷、典籍，每年都必须修行数月。所有顶级长老率先垂范，不得吸烟饮酒，不结婚，即便已婚，对夫人以姐妹相待，不生孩子，修行时分居。要每天做祈祷并可去麦加朝觐。顶级长老具有绝对的权威，其言论和行为都是全体德鲁兹人遵循的准则。

我2000年往访舒夫山区时，拜见了贾瓦德·瓦利丁长老。另一位长老名叫哈勒维，年届96岁，已卧床不起，无缘拜会。瓦利丁长老的修道院十分简朴，三角形的院落一面临街，另一面是葡萄园，第三面就是隐修房。登上五级台阶就是隐修房前门，年逾80的瓦利丁长老早已站在门口等候。他头戴腰鼓状白色筒帽，细看上而有白绢密叠的等距离斜纹——这是最高级别宗教权威的象征。蓄着德鲁兹长老惯常的雪白而蓬松的络腮长须，上身着白黄相间的条纹套衫，内衬黑色紧领口长衫，下着阔裆黑裤。30多平方米的房间铺满地毯，周边靠墙摆放坐垫靠垫，以紫红黑色调为主，坐垫前方摆放转轮茶几，盛满各式甜点和自产的时令水果——葡萄、李子、油桃和香梨。长老中等身材，一腿稍跛，脸庞瘦削但白里透红。席地坐定后他称，德鲁兹人一向敬重中国，把中国人当做亲人，对中国的进步倍加高兴，愿中国规避一切人为的和自然的灾难，永享平安与幸福。临别时他送出门口，又在助手的搀扶下一直送我上汽车后握别。长老的淳朴好客令人感怀。

接着参观巴阿兹修道院。修道院主持是位有20年修行经历的中年长老，拥有十几个修室，包括女性专用修室。主持带我到最里边的深入山体的拱顶窑洞式修室，它有三百多年历史，壁上凿有许多尺许宽小龛。顺石阶进入岩洞下层，是主持和修士的卧室。修道院的教材包括《古兰经》和德鲁兹经典，后者秘不示人。因为德鲁兹教派不宣教、不追求增加教民、不做礼拜，只在星期四傍晚在隐修所搞宗教仪式，普通德鲁兹人虽不去麦加朝觐，但要朝拜本派圣徒的陵墓。

分布在黎巴嫩、叙利亚、以色列、巴勒斯坦和约旦的德鲁兹人逾百万，黎巴嫩占四成，叙利亚占五成，以色列占一成。黎巴嫩的德鲁兹人主要分布在北麦顿、舒夫山区至东南的哈什比亚、拉希亚一带。舒夫是黎巴嫩德鲁兹人的活动中心之一，祖上多从叙利亚的哈勒颇舒马克山区移来。琼布拉特家族与居住在贝鲁特东部山区阿莱的艾尔斯兰家族，是黎巴嫩德鲁兹人的两支旺族。琼布拉特家族本是叙利亚的库尔德人，因长期与德鲁兹人生活在一起，皈依了德鲁兹信仰。

德鲁兹阿格勒长老会由四人组成，系政教联袂推举、获政府认可的教派最高代表机构，主席的头衔是“谢赫阿格勒”，即精神领袖，该职曾长期由穆罕默德·阿布·夏格勒担纲。夏格勒于1990年逝世后，由富翁巴赫加特·格桑继任。格桑在黎巴嫩内战期间到阿联酋做生意，返黎后被推举为夏格拉接班人。后来，由于政见有异，瓦利德·琼布拉特和塔拉勒·艾尔斯兰所代表的德鲁兹两大政治派别都不支持他。他的官邸位于贝鲁特市区，院中高悬绿、红、黄、蓝、白相间的教旗，颇似孙中山领导的反袁护国军军旗，该军旗红、黄、蓝、白、黑相间，仅一色之差。

德鲁兹教派理事会共有16名成员，按各地区人数比例分摊，集中在舒夫山区、阿莱和巴卜达。

德鲁兹宗教资产保管者理事会，主要负责该派公共遗产、房地产、捐献财物的保存和管理。

德鲁兹人不同异教徒通婚，且实行一夫一妻制。族内联姻令内部关系紧密，都遵守一个圣约，在对异派斗争中有相互支援的义务。其实，哈姆扎的教义铸就德鲁兹人侠义尚武的性格，并已成为叙利亚、黎巴嫩德鲁兹人维护自身权益以及多次农民起义的理论基础。

瓦利德·琼布拉特认为德鲁兹的神主是波斯人哈姆扎，他最接近真主使者穆罕默德，所以德鲁兹人的信仰属于阿拉伯范畴，他们认为在以色列生活的德鲁兹人不应服兵役，去对付自己的阿拉伯兄弟。为此，瓦利德·琼布拉特不止一次地到第三国，做以色列德鲁兹头面人物的工作。

3. 什叶派的形成与发展

黎巴嫩的什叶派可追溯到倭马亚王朝初期，本·阿马拉部落在先知女婿阿里与穆阿维叶的冲突中，坚定地支持阿里。当穆阿维叶的倭马亚王朝在大马士革建立后，阿马拉部落为逃避迫害，悉数逃到黎巴嫩南部地区，这个地区因阿马拉部落迁入而得名“阿米勒山”。

自7世纪被阿拉伯帝国吞并以来，主掌黎巴嫩的中央王朝一直属逊尼派；中世纪后统治阿米勒山的地方王朝又分属德鲁兹派和基督教派。马穆鲁克王朝时期镇压黎巴嫩什叶派。所以，黎巴嫩什叶派除在埃及法蒂玛王朝影响时期日子稍好外，始终处于无权状态。

而今，黎巴嫩的什叶派已变成黎巴嫩人口最多的教派，人口逾120万，聚居在贝卡谷地和南部地区以及贝鲁特南郊。1943年黎巴嫩独立时，依据1932年的人口统计，什叶派人口居于马龙派和逊尼派之后，所以在各政府机构的权益分配上处于第三位，只拥有议长席位。

黎巴嫩的基督教徒家庭大多只生两三个孩子。穆斯林家庭一般不节制生育，但集居在沿海几大城市的逊尼派生活条件较好，受外部影响较多，生育子女也不是很多。什叶派生活的地区相对落后，人口出生率较高。如一位12岁就结婚的女人，到45岁时生了21个子女。在黎、叙、以三国交界处的农村，一位娶了4个妻子的农民共生了63个孩子；在谢巴农场拥有土地的牧民阿布·海塞姆，有3个妻子，共生了42个孩子。

到20世纪60年代末、70年代初，穆斯林人数超过基督教徒人数，要求与基督教徒重新分配权力的呼声日益高涨。

继1955年逊尼派、1962年德鲁兹派先后设立了全国性的官方代表机构后，在穆萨·萨达尔的努力下，什叶派代表于1966年2月召开会议，向总统提交关于建立什叶派全国机构的声明。1967年5月，议会通过关于成立"伊斯兰什叶派最高委员会"法案，1969年5月18日正式成立，穆萨·萨达尔被选为首任主席。这意味着他已成为黎巴嫩什叶派的政治领袖，已不仅仅是宗教领袖。为推动政府重视并维护什叶派的权益、引领什叶派青年为权利而奋斗，他于1974年初创立了"被剥夺权利者运动"，提倡政治行动主义。翌年，宣布成立"黎巴嫩抵抗旅"，简称"阿迈勒"运动，作为"被剥夺权利者运动"的附属民兵组织。萨达尔1978年8月末访问利比亚失踪后，由舍姆斯丁接任什叶派全国最高委员会主席一职。舍姆斯丁2000年过世后，主席职位一直空缺，由副主席卡巴兰主持委员会日常工作。

什叶派在整个伊斯兰世界属少数派，占穆斯林人口总数的15%左右，属血统论者，主张只有先知穆罕默德的女婿阿里及其后裔才是正统合法的继承人。除信守一般穆斯林关于真主独一、先知和末世等普遍信仰外，认为《古兰经》隐去了第一伊玛目阿里继位的内容。什叶派拥有本派圣训——"四圣书"，即《宗教学大全》、《教法自通》、《教法辨异》和《法令修正篇》。

什叶派有严格的教阶，即大阿亚图拉、阿亚图拉、伊斯兰与穆斯林的霍加特、伊斯兰的塞嘎特和塔里班（宗教学校学生）。大阿亚图拉为最高教阶，系效法渊源。在黎巴嫩只有一个，那就是穆罕默德·侯赛因·法德鲁拉。

法德鲁拉出生于伊拉克，对教法有很深的造诣，其著作等身。我于2000年8月末，在他位于贝鲁特南城胡维克街区的办公室拜访了他。他平和从容、双目有神，着浅灰色对襟长袍，披黑纱外罩，头戴黑缠头——圣裔的标志。看上去年逾古稀，但谈起话来思路清晰、言简意赅。他赞赏中国独立自主的和平外交政策，对中国与以色列进行科技合作表示理解，但希望中国一如既往地坚持对巴勒斯坦事业的支持；抱怨美国总是干涉黎巴嫩，认为美国应对中东五十多年遭受的破坏负责，并指出是美国庇护以色列侵犯阿拉伯和伊斯兰所致。

法德鲁拉与什叶派最高委员会主席职责上的最大区别在于，他在宗教上具有绝对权威，他对教规、教义的解释、对政治问题的表态，是什叶派教徒的思想准则和行为规范。而后者是政府确认的教派“官方”代表，负责同政府打交道，以及礼宾礼仪、结婚离婚、监管宗教资产、协调派内各族系各势力之间的关系，归根结底是教派的“俗务”。

伊朗伊斯兰革命胜利后，人们往往注意到伊朗对黎巴嫩什叶派的影响，未必意识到黎巴嫩什叶派对伊朗什叶派的多方影响。

伊朗萨法维王朝将什叶派立为国教，然而王朝初期逊尼派仍占人口多数。如何从宗教法学家的角度进行有效阐述，使什叶派教规更适合伊朗的社会实际，成为什叶派当时面临的头号课题。于是，从黎巴嫩南部的阿米勒山请来宗教权威胡尔·阿米利来做诠释。例如，逊尼派中的哈乃斐派主张，逊尼派教徒如离婚，就不可与前妻复婚，除非其前妻与他人结婚又离婚，方可与他、即原配丈夫复婚。而胡尔则主张，离婚后，只要双方自愿，随时可以无条件复婚。类似的教法阐释，深受伊朗穆斯林欢迎，为萨法维国王采纳并加以推广，什叶派的力量随之急剧壮大。

位于伊斯法罕伊玛目广场东侧的卢图夫拉清真寺，是伊朗最精美的清真寺之一，从门脸到“L”形过道、直至穹顶下的礼拜堂，遍嵌经文祷语，将书法、镶嵌、设色有机地结合成一体，可谓精美绝伦。革命前曾是巴列维国王专用清真寺，内设暗门地道以防不测。2004年，中伊两国联合发行邮票，中方的标志是丝绸之路起点西安的钟楼，伊方邮票的标志就是这座天蓝色的清真寺。它的名字源于来自黎巴嫩的大毛拉卢图夫拉，以表彰他对伊朗什叶派教义所作的贡献。

对现今黎巴嫩什叶派的崛起发挥主导作用的穆萨·萨达尔，出生于伊朗圣城库姆，而他的祖籍是黎巴嫩。如同伊拉克的萨达尔家族，均来自黎巴嫩苏尔县的萨胡尔村，奥斯曼帝国后期移居伊拉克，部分子孙又迁居伊朗。

穆萨·萨达尔的祖父是大阿亚图拉，其父萨达尔丁则出生在伊拉克，后也成为大阿亚图拉。穆萨的三个姐妹分别嫁给两伊的宗教法学家和黎巴嫩苏尔的宗教法学家阿卜杜·侯赛因·沙拉夫丁的孙子。他在伊拉克的妹夫穆罕默德·巴基尔·萨达尔正是伊朗伊斯兰共和国宪法的起草者，1981年被萨达姆政权杀害。他在伊朗的姐夫苏勒坦尼·塔巴塔巴伊系与霍梅尼同期的伊朗六大阿亚图拉之一，也是穆萨的老师。应沙拉夫丁家族邀请，穆萨于1959年来到黎巴嫩，依托沙拉夫丁“慈善协会”等机构登上政治舞台，成为黎巴嫩什叶派当之无愧的政治领袖。所以说，黎巴嫩的什叶派和伊朗什叶派长期相互影响、彼此扶持，从而出现两国今天这样的局面。

黎巴嫩什叶派最盛大而隆重的活动是一年一度的阿舒拉节。这一天是回历1月10日，什叶派第三伊玛目侯赛因的忌日。回历61年，在伊拉克南部，侯赛因以80余人抗击倭马亚大军，最后壮烈牺牲，成为什叶派的榜样，也是什叶派发展壮大的拐点。忌日那天，以年轻人为主的游行集会，大多着黑衣黑裤，边呼侯赛因的名字或尊称，边捶胸顿足；有一部分年轻人则身着白袍，手持利刃，不断地猛击自己的头部，血流如注；也有的替同伴砍头部或上额直至冒血，然后用手不停地拍打伤口，令汩汩鲜血蒙面沾襟。还有的男人怀抱幼子，竟在幼子头上动刀，血流孩子满面。最后，几十个甚至上百"血人"连成一片，情绪激昂地高呼1300年前献身殉教的"烈士之祖"尊名。

在什叶派聚居的纳巴提耶等地，专门搭台，布置绘有椰枣树的背景布幕，男青年轮番上台再现千余年前卡尔巴拉的壮烈场景。

在真主党诞生后，特别是南黎巴嫩"安全区"的大批什叶派难民迁移到贝鲁特南郊后，南郊的阿舒拉节聚会成为借古喻今、磨炼意志、动员教徒顽强抵抗以色列的誓师大会，也是向伊朗精神领袖哈梅内伊和真主党总书记宣誓表忠的盛会，将什叶派的最高目标——复仇、殉教、献身、反抗的理念渲染到极致。真主党总书记纳斯鲁拉往往出席并发表演讲，主旨是"南方的灾难，当今的卡尔巴拉"，号召大家要化悲痛为力量，担负起抵抗事业与使命。

当然，凡如纳巴提耶这类集会场所，周边都安排了医务人员，及时为伤者消毒包扎，或用担架将昏迷者抬至医护帐篷内护理，重伤者用救护车运往医院救治。

精神领袖法德鲁拉并不赞同以自残流血的方式悼念侯赛因殉难，在阿舒拉节之前就呼吁什叶派信士以现代的方式搞纪念活动，他认为正在起义的巴勒斯坦人每天都有众多伤亡，应将鲜血献给巴勒斯坦伤病员。

二、按教派势力分配权力

1943年黎巴嫩独立建国，是以教派人数多寡分配权力的。当时，基督教派人口总数超过了伊斯兰教派，所以在最高权力机构议会的席位以6:5分配。基督教派中的马龙派、伊斯兰教派的逊尼派和什叶派，人数分居前三位，故总统、总理和议长分由这三派担任。一等官员，包括行政、军警、司法、公立医院等司局级官员也按议会席位比例分配。

随着基督教人口大量外移，穆斯林人口特别是什叶派人口的大幅度增加，加之外来因素的作用，重新分配权力的呼声渐高，这成为长达16年内战的重要动因。内战结束后，达成了《塔伊夫协议》，规定基督教派与伊斯兰教派平分议席；伊斯兰教派中，逊尼派与什叶派席位相等。还有一项重要变化是总统权力减弱，不再主持内阁。

马龙派在独立时占主导地位，是历史上长期形成的。1860年4月，马龙派和德鲁兹派之间爆发了大规模武装冲突，缺乏组织和领导的马龙派明显处于下风。法国以马龙派的保护者自居，派7000人的军队登陆贝鲁特，追击德鲁兹武装人员直至南部山区和贝卡谷地。于1861年6月9日，法国、英国、普鲁士、奥地利和俄国在君士坦丁堡共同签署了黎巴嫩组织法，规定黎巴嫩为奥斯曼帝国内的一个“自治区”，“由奥斯曼帝国任命的，并经签字国同意的一个信基督教的长官来统治，由各教派代表12人组成的民选行政参议会协助长官工作”。这是黎巴嫩历史上首次正式确立了以教派归属为基础的政治体制。在奥斯曼帝国后期，马龙派借助法国的支持，获得一定程度的自主。“一战”结束，法国进入黎巴嫩并于1920年促成建立以马龙派为中心的“大黎巴嫩”。1926年，法国委任当局公布宪法，规定按教派分权制。在此后的半个世纪中，马龙派为主的基督教派占统治地位，不仅拥有握实权的总统席位，而且还担当武装力量总司令。

逊尼派在奥斯曼帝国长达四百年的统治期间，得益于突厥人的同一信仰而不断壮大，沿海的几座大城市，如特利波里、赛达、苏尔等，逊尼派处于绝对优势，贝鲁特西区也以逊尼派为主。阿拉伯的大国几乎都以逊尼派居民为主，黎巴嫩逊尼派与这些国家的逊尼派有着千丝万缕的联系，相互通婚联姻。

什叶派聚居在黎巴嫩南部及贝卡谷地，受什叶派支派阿拉维派当政的叙利亚以及伊斯兰革命后的伊朗支持，还有从约旦转移到黎巴嫩的巴解武装组织的帮助。以色列的多次入侵，则从另一方面壮大了什叶派的地位。以色列占领南黎时，大批什叶派人移居贝鲁特南部，重组贝鲁特人口结构。有报道称，什叶派出生率高，南黎个别家庭竟至二三十个孩子。什叶派的人数稳居18个教派之首。

有鉴于此，以变化了的人口比例重新分权的呼声日见高涨。

三、多元文化的大熔炉

我接触的许多黎巴嫩官员、议员、党派和宗教领导人是来自中东各国乃至欧洲，如前议员艾哈迈德·阿杰米系波斯人，议员阿巴斯·哈希姆是麦加人，长枪党前主席巴格拉杜尼亚是美尼亚人，前卫生部长苏莱曼·弗朗吉亚是十字军东征骑士的后裔，复兴党总书记阿西姆·甘素是克尔克斯人，被什叶派奉为精神领袖、访问利比亚后失踪的穆萨·萨达尔为伊朗人。至于母亲是外籍的就更多了，如拉胡德总统的母亲是亚美尼亚人、岳母是俄罗斯人，自由国民党主席杜里·夏蒙之母为英国人，前经贸工业部长赛义德的母亲也是英国人。

尽管各教派之间通婚并不受到鼓励，然而不同教派的年轻人终成眷属的比例在增加。在国内碍于宗教法规，他们就到第三国如塞浦路斯喜结良缘。

可以说，黎巴嫩的社会有如拜占庭的马赛克拼图——五颜六色。真主党议员阿马尔·穆萨维对此描绘得颇为形象：黎巴嫩的穆斯林不同于其他阿拉伯国家的穆斯林，是基督教化了的穆斯林；黎巴嫩的基督教徒也不同于西方的基督教徒，是伊斯兰化了的基督教。

黎巴嫩虽然深度西化，社会上以讲法语为荣，一些家庭甚至只讲法语不讲母语阿拉伯语，然而阿拉伯的影响远远大于西方影响。如在女权方面，尽管1953年就给予妇女选举权，但到1963年仅产生一位女议员。黎内战后议席总数增至128位，其中仅有3名女议员，占总数的2.3%，而邻国叙利亚已达9.6%。在民事方面，基督教徒也沿用伊斯兰法规，离婚妇女没有财产继承权和孩子抚养权。有一位王姓女台胞，年轻时为侨居在台湾的黎巴嫩基督教老板当秘书，后两人结婚无嗣，2001年这位老板不幸突发心脏病而过世，其财产主要归他的侄子所有，作为妻子却没有继承权，落得个两手空空。

四、教派的乐园、冲突的肇端

由于黎巴嫩独特的地理位置和地缘环境，自古以来周边地区的许多教派，为避饥荒战乱，或因在母国遭受民族、宗教迫害，投奔黎巴嫩躲风避险，久而久之就在黎巴嫩扎下根来。如亚美尼亚族为躲避俄罗斯与奥斯曼帝国之间的战争，逃亡黎巴嫩；聂斯脱利教派本居住在伊朗、伊拉克和叙利亚，在中国曾被称为“大秦景教”，14世纪末帖木儿征服波斯时遭禁，少数信徒流散到黎巴嫩。

黎巴嫩各教派分享政治权力，令各教派都参政议政、利益均沾，为不同教派合作共治开了先河。但同时也经常出现派别纷争，为外部势力利用，干涉黎巴嫩内部事务。黎巴嫩前驻联合国代表、《白天报》董事长图威尼于2002年撰文称：“黎巴嫩已成为教派监护共和国。议长席位由什叶派监理，监护什叶派，看情势而定坚持抵抗或是竞争抵抗；总理府作为执行机构，归属逊尼派，如外交首脑不是逊尼派，宁可找非职业外交官替代；总统名义上是各监理之首，然而权限是仲裁，基督教派又步调不一，难以有效参政，若基督教派都拒绝这个共和国，而总统又是基督教派代表，我们会感到奇怪吗？”

的确，黎巴嫩教派之多，党派之多，内战时期民兵之多都创下了中东之最的记录。然而，经历了四个共和国阶段，即1943~1958年、1958~1975年、1975~1998年、1998年至今，也就是说，经过1958年的冲突，1975年开始的16年内战和1998年“塔伊夫协议”，虽然吵吵闹闹、厮厮打打，却依然故我，维系一个完完整整的主权国家，其奥妙何在，实在发人深省。黎巴嫩许多学者、官员和宗教人士就此发表了不少高见。

著名学者萨米尔·弗朗吉亚在《使节报》上撰文称，黎巴嫩在奥斯曼帝国统治时期就不断地进行抗争，以期建立共和国。当建立共和国的机会到来之后，它又未能建立起东西方普遍意义上的共和国，而是建立在多党、多宗教和解基础上的民主政体。

黎巴嫩的独立并非取决于多数基督教派，也非多数伊斯兰教派的意愿，而是两派的少数相加，成为相对的多数，争得了黎巴嫩的独立。而多数基督教徒希望建立一个基督教民族国家，多数穆斯林则希望并入阿拉伯邻国。黎巴嫩独立时，当时的叙利亚领导人认为黎巴嫩是法国殖民主义制造的实体，到后来叙利亚领导人才弄明白，黎巴嫩的独立意味着结束法国的委任统治，但真正承认黎巴嫩的独立是在46年之后，即1989年《塔伊夫协议》之后。该协议从理论上承认黎巴嫩实体的最终地位，即独立的主权国家。

弗朗吉亚认为，黎巴嫩是一个生活在各种矛盾之中，又不断妥协的基础之上的国家。对外界开放，又保持自身的基本特征；维持传统社会与现代化的需求，以及国家的必具条件和社会的独立性；宗教信仰不同和政治家的不同效忠，往往造成相互抵牾和诸多敏感。所以，黎巴嫩人的祖国概念不是出自历史和民族主义，而是与不同教派的生活方式十分密切地联系在一起。黎巴嫩内战中，各教派都想强化自己的区域并建立独立的经济，同整体的利益割裂开来。其结果是，各派自我损伤，恐惧代替了安全，进一步地附属于外部势力，而不是自相融合，经济后退取代了自给自足。世界上许多国家由于内部的分歧，经过战争分裂了，而黎巴嫩经过16年战争依然是统一的。

同时，黎巴嫩也是唯一接待巴勒斯坦人、给予巴勒斯坦人以其他阿拉伯国家未曾给予的待遇，又从未利用巴勒斯坦为己谋利的国家。为支持巴勒斯坦，甚至与某些阿拉伯国家发生矛盾。黎巴嫩由1967年战争前的后方变成了前方，以至成为唯一同以色列交战的前线国家，结果成为阿拉伯国家中唯一被以色列占领过首都的国家，也是唯一靠民间而非政府的力量抵抗以色列的国家。

黎巴嫩什叶派精神领袖法德鲁拉认为，黎巴嫩实体诞生于教派主义，政治的症结是用宗教的封皮包裹的，初衷使基督教派主要是马龙派具有实体。这使得黎巴嫩与中东地区其他国家截然不同，也使得中东地区各教派都可以在黎巴嫩对号人座。在内部行政管理上，本应对全体公民负责的事，变成对所属教派负责，其结果国家处于“三不”状态：不分裂、不垮台、不稳定。

天主教主教格利高里·哈达德也持类似观点。他认为黎巴嫩社会的弊端在于教派主义、党派主义、宗教主义和家族主义，尽管世俗社会占90%，但尚未构成变革力量。理想的社会应是所有人一律平等。

黎巴嫩外交部前外秘图尔克先生对按教派分配权力也曾做过精辟的论述：黎最大的优势，也是最大的缺陷，教派矛盾殃及方方面面，甚至在国家机构中人们优先考虑的也非国家利益，而是教派利益，个人主义积极性发挥到了极致，但形不成合力，团结不到一起，往往为外来干涉提供了条件。

从黎巴嫩独立至今，近70年过去了，经历了那么多的风风雨雨，虽内部分歧仍在，却不离不散，亦然屹立在动荡不宁的中东，其本身就为世界珍藏了一种生存模式和一种生活方式。也正是由于黎巴嫩是建立在多宗教、多党派和解基础之上的民主政体，种族、文化与宗教的多样性，造就黎巴嫩具有其他国家鲜有的宽松、自由、开放和多姿多彩的社会环境，令黎巴嫩的影响力和黎巴嫩人的创造力远远超过了黎巴嫩国土与人口所占的比重。正如黎巴嫩信贷银行董事长朱泽夫·塔尔比耶先生所云，黎巴嫩独特之处恰恰在于地小人少却海纳八方来客，各种教派、各种语言、各个人种都能在黎巴嫩找到知音、找到快乐。

细细琢磨起来，黎巴嫩还真像个微型联合国，吵架归吵架，谁都还离不开它。难怪绝大多数在黎巴嫩工作过的各国外交官都众口一词：黎巴嫩是外交官的天堂。

第四节　惨烈的内战

我是黎巴嫩内战爆发的见证者，亲睹战争的惨烈和给黎巴嫩国家与人民带来的巨大灾难。亲眼见到行路的无辜平民逃命时被子弹击中，流血、挣扎、死亡的全过程；呼啸而至的炮弹突然失声，落在我们使馆院墙边，炸起五层楼高的沙土气浪，仅在院内就拾起扭曲得象山西刀削面似的弹片，有三四斤重；刚步出阳台想吸点新鲜空气，一排子弹从胸前嗖嗖飞过，跳进使馆院内的武装分子向外射击的枪声宛如稻田里青蛙争鸣；乘车外出办事，刚行入市中心区，突然四周枪声大作，在司机不知所措之时，我建议他向临近的滨海大道开，那里的安全系数至少提高一倍。

比起黎巴嫩和不少驻黎巴嫩使馆的生命财产损失，这些遭遇太微不足道了。据黎巴嫩前总理哈里里介绍，16年的内战造成20万人死亡，上百万人移居海外，财产损失400亿美元。而黎巴嫩《事件》周刊则认为，战争不仅令黎巴嫩遭受重大的生命和财产损失，而且蒙受难以挽回的精神创伤。尽管经过重建，贝鲁特市拥有宽阔的街道，市中心开设漂亮的商场，但城市的味道变了，历史遗留的精华荡然无存，朴实诚信的民风难再，共创美好未来的信心大减，宽宏容忍的精神、对同胞的信任感、对兄弟、邻里的信赖和自信心大为缺失。

内战期间，几乎所有外国使领馆都遭到不同程度的破坏，伊拉克、伊朗使馆先后被汽车炸弹夷为平地，伊拉克大使当场殒命；美国大使和法国大使被劫持后遭杀害；西班牙大使躲避在官邸地下室，被一颗重磅炮弹击穿，大使本人连同他的黎巴嫩岳父等亲属统统被炸死。我国使馆大楼虽多次遭遇枪炮子弹，甚至大楼全部玻璃门窗被爆炸的气浪震碎，一颗一米长的炮弹将书架从房间的一侧推向另一侧而未爆炸……而中国大使馆又是少数自始至终未撤馆的外国使领馆之一，竟没有一个馆员有损毫发，令黎巴嫩朋友欷歔不已：是中国人的老祖宗积善积德了？！其实是中国的和平友好、不干涉他国内政的对外政策充当了保护神，还有该是谨慎加侥幸的因素。

战争令人疯狂，让人失去理智，以致冤冤相报。许多领导人遭暗杀，前总理拉希德·卡拉米任上被炸死；当选总统巴希尔·杰马耶勒被炸身亡；就职总统勒内·穆阿瓦德刚宣誓就职，返回的路上遭遇路边炸弹送命。

最大规模的屠杀发生在1982年以色列入侵黎巴嫩、占领贝鲁特南郊之后的9月18日。由基督教派的“黎巴嫩力量”执行委员、安全局长伊利·胡贝卡执行，在位于贝鲁特南郊的夏蒂拉和萨布拉难民营中，集体屠杀了三千多手无寸铁的巴勒斯坦妇女、儿童、老人和平民。事后，这次大屠杀受到国际舆论的严厉谴责。

黎巴嫩马龙派主教索菲尔曾说过，黎巴嫩战争既不是内战，也不是宗教战争。那么，这场长达16年的血腥战争到底是一场什么性质的战争呢？从内因看，黎巴嫩独立后30多年，各教派、各政治派别力量对比发生了巨大变化，要求重新分配权力的呼声日见高涨。巴勒斯坦解放组织及其武装力量将总部和主力转移到黎巴嫩，客观上壮大了伊斯兰教派的力量。基督教派不愿看到力量失衡，进而导致基督教派主导地位的丧失。所以，1975年3月14日，长枪党民兵袭击装有巴勒斯坦青年的车辆，这些青年刚刚参加了巴解组织的集会，在返回难民营的路上。战争的导火线由此被点燃了。

战争期间，几乎所有的欧美大国、地区大国以及联合国和阿拉伯联盟都参与调解，曾达成停火协议1200多次，结果没有一次是成功的。关键是许多国外势力插手其间。战争在的黎巴嫩竟然"不差钱"，外来的资金和武器装备源源不断，贝卡地区的毒品种植业也空前兴旺，走私也畅行无阻。在相当一段时间里，黎巴嫩的海关是无人值守的。内战结束后，这些财路断了，大批人失去了生计，不得不到海外谋生。据黎巴嫩统计，停战后5年向海外移居者总数居然超过16年战争时期的总和！仅2000年，就外移27万人。

黎巴嫩的战争在某种程度上是代理人的战争，凡对黎巴嫩有所图的国家或组织都要插上一脚。这类国家在其他国家可以推动当局削弱直至消灭共产党，在黎巴嫩却要支持黎巴嫩共产党；并非对黎共有好感，而是利益使然。今天支持甲派打乙派，明天又反过来支持乙派打甲派。为激化冲突、乱中谋利，甚至不惜暗杀自己盟友的成员，然后嫁祸于人。到后来，黎巴嫩战争演变成一场混战：基督教内部、伊斯兰各派间、伊斯兰派别与巴勒斯坦抵抗运动之间、各派与叙利亚驻军之间冤家路窄，兵戎相见。如1978年长枪党的民兵夜袭同属马龙派的前总统苏莱曼·弗朗吉亚的家乡，将其长子托尼夫妇及孙女杀掉，其孙子小弗朗吉亚住在爷爷家而幸免于难。

1988年，总统阿明·杰马耶勒任期届满前，基督教派拒绝新提名的马龙派总统候选人，致使总统席位空缺。阿明遂于卸任前任命同属马龙派的黎巴嫩军队司令奥恩为总理，结果遭到伊斯兰教派的反对。从此，黎巴嫩陷入没有总统、但却有两个政府和两个军队司令、且各自为政的严重危机之中。奥恩政府为制止其他各派民兵各自通外、随意进口武器，以武力封锁了7个私设港口，导致在贝鲁特爆发了与伊斯兰教派民兵空前激烈的武装冲突，损失惨重。1990年10月，伊斯兰教派民兵在叙利亚军队支持下击溃了奥恩部队，奥恩被迫流亡法国。奥恩的流亡标志着最强硬的一支基督教派势力式微，伊斯兰教派势力增强，从而形成了基本维持原有的教派分权模式，但权力此消彼长的新格局。

黎巴嫩内战期间的惨相

内战结束了，然而内战的惯性并未消弭，暗杀的事件仍层出不穷。黎巴嫩前总理哈里里，前议员、部长小皮埃尔·杰马耶勒，《白天报》社长纪伯伦·图威尼、前“黎巴嫩力量”执委会主席、部长、议员埃利·胡贝卡等相继被杀。这当中最具争议、结怨最多且前后立场变化巨大的就算胡贝卡了。胡贝卡16岁就加入长枪党，内战后如鱼得水。“黎巴嫩力量”创始人、首任主席巴希尔·杰马耶勒授命胡贝卡组建第二支队，接着又委以第三支队司令官，即情报、安全局局长，创建干部培训学校，多次赴以色列受训。巴希尔遇害后，胡贝卡两度“兵变”，先是针对福阿德·阿布纳迪尔，后是针对贾加。1985年接掌“黎巴嫩力量”执委会主席后采取接近叙利亚的政策，与阿迈勒运动的贝里和社会进步党的琼布拉特在大马士革签署了三方和解协议，以结束内战。1986年初，贾加以武力击败胡贝卡，胡遂自组“爱国民主党”，并于内战结束后6度入阁担任国务、移民、水电等部长，还两度任议员。他以前的扈从罗伯尔·哈蒂姆，外号“眼镜蛇”，于1999年末出书《从以色列到大马士革》，指称胡贝卡与以色列人配合屠杀巴勒斯坦人。而胡贝卡辩解称，两难民营事件是长枪党的决定，由以色列国防部长沙龙坐镇指挥的，并称他愿去在布鲁塞尔为此成立的法庭举证，拿出确凿证据反驳（以色列）卡哈纳委员会的说法，显示该事件完全不是以色列所表白的那样。

2002年1月24日上午9时半，我在办公室突然听到远处传来一声爆炸声。事后得知这是贝鲁特东郊哈兹米耶区胡贝卡居所150米处，一辆遥控奔驰车炸弹，在胡贝卡的座驾行近一米左右距离引爆。胡贝卡与两名扈从被炸飞出45米开外，另一名系了安全带的保镖被烧焦在汽车残骸之中。据地雷专家估计，这是当年前总理卡拉米被炸的同类烈性炸药，足有20千克，其威力足可摧毁一辆装甲车。阿拉法特的顾问阿布—谢里夫称，是沙龙先下手了，否则巴勒斯坦人迟早也要干掉他的。当时在巴黎避难的黎军前司令奥恩认为，这是胡贝卡的朋友所为。因为胡贝卡干的事情太多，了解内幕又太多，灭了他就灭了口。萨布拉和夏蒂拉难民营遇害遗属的反映却是：死得惨，罪有应得，如果到布鲁塞尔作证，揭露沙龙之后再这么死就更好了。而时任总统拉胡德则为他授予“最高雪松勋章”，叙利亚驻黎代表亲往吊唁。

迄今为止，黎巴嫩内战结束已有20个年头，重建已初见成效，但愿这可悲的一页永远地翻过去了。让这个娇小却无比妩媚的山海之国、文明的摇篮和桥梁重现繁华与欢乐。

第五节　南黎之行

应阿迈勒运动之邀，部分驻黎巴嫩外交使团于2000年6月9日赴南黎巴嫩参观。以色列刚于半月前从黎巴嫩南部“安全区”撤走，我们参观的路线大致就是环850平方千米的安全区顺时针转了一圈。

使团先在赛达市集中，随后乘大巴东行，从南方什叶派重镇纳巴提耶，经塔巴宁通道进入安全区，越过利塔尼河上的哈尔德里桥，到达海拔900多米的谢盖夫城堡。这个城堡是该地区的要塞，系十字军于1135年修造的。站在城堡上，可西眺纳巴提耶市，南瞰黎巴嫩——以色列边界。以色列花费了不少人力物力，修筑了地堡、巷道和防弹水泥墙，上面覆盖迷色苫布。简易营房已被以色列撤军时炸毁，两具营房铁架扭曲地躺在坡上。据介绍，以色列曾打算炸掉整座城堡，因为1978年前，巴勒斯坦解放组织曾利用这个城堡向以色列北部边境农庄发动袭击。黎巴嫩向联合国和美国提出，这是古迹，应受到保护，以色列最终放弃摧毁城堡的计划。以色列占领的22年里，真主党多次向这个城堡发动袭击，城堡在交火中受到严重损毁。从古堡下行到利塔尼河谷后回眸仰望，古堡仿佛一堵高耸的铁壁横亘在阿尔农地带。

向东行至古赖阿，进入了基督教区。建于1913年的马尔—吉尔吉斯教堂，紧邻哈亚姆平川。这儿的土壤红白相间，山坡和谷地遍植橄榄，家家户户的房顶都有葡萄架。到县府所在地马尔杰尤纳，虽海拔800多米，但泉水奇多，马尔杰尤纳即“泉源”之意。这是马龙派聚居区，南黎军司令拉赫德的家就建在一面山坡上。他做梦也没想到会垮得那么快，以色列5月23日午夜撤军时，他正在法国度假，家中一切陈设及衣物都没来得及带走。有些房屋是空的，是逃到以色列的一些南黎军成员的房子。这里既有清真寺，也有教堂，显然是基督教和穆斯林混居之地。

从县城东南行，抵哈亚姆镇，该镇距贝鲁特100千米，海拔700米，周边有不少泉眼。1978年3月17日以色列入侵时，曾杀死80名当地居民。镇的制高点也是镇中心建有哈亚姆拘留营。站在此处，向东可见戈兰高地北缘的老头山和山麓的舒巴村、拉希亚村和谢巴农场；向南可见以色列方向的胡拉平川和塔巴列湖。它本是法国人1933年修建的军营，1943年由黎军接管。以色列占据后交南黎军管理，1985年改为拘留营，曾拘留过数百名黎巴嫩人。每周放风一次，一次仅半小时。5月24日凌晨，哈亚姆群众冲开了拘留营大门，解救出144名囚犯。到此参观的人络绎不绝，有的少女情不自禁地失声痛哭，原来她们的父兄曾关押于此。前总理胡斯参观后建议将拘留营建成纪念馆，以进行爱国主义教育。

1994年被以色列绑架的真主党负责人穆斯塔法·迪拉尼对以色列《话报》谈话称，以色列占领南黎的22年里，打死黎巴嫩人3万多，伤6万多，将米杜村、哈宁村等全部摧毁。以色列在黎巴嫩教派之间挑拨离间，让他们相互残杀。在安萨尔、哈亚姆、阿特里特拘留营拘禁数万人，在哈亚姆不少囚犯受虐致死。以色列在萨卜拉、夏蒂拉、戛纳、纳巴提耶、米杜和曼苏里耶等地进行多次大屠杀。以军使用国际条约禁止的凝固汽油弹、磷弹、珠子弹和高爆弹。在审讯他本人期间甚至对其实施性侵犯。

向东行贴近以色列领土最北端，好似插入黎巴嫩的犄角。这里的黎边境小村称卡夫拉卡拉，即卡拉村。由此村沿边境南行20千米，经阿迪沙、马尔卡迪、胡拉、米斯杰白勒、巴利达，抵宾特朱拜勒县。阿迪沙距贝鲁特108千米，其对面是以色列马斯卡夫阿姆定居点，有一部分村民的房子一半在境内，一般在境外。从胡拉始，边境对面7个村庄是在1948年之后划归以色列的。胡拉村有不少古迹，最大的是杜比耶城堡，系十字军在罗马城堡的废墟上重建的，共分三层，长70米，站在其上可俯视以色列境内的胡拉平川。

巴利达村则是北上东去南下的交通枢纽，传说摩西曾在那里组织群众开渠灌溉田园，先知夏伊卜也曾在此获赐，并留下遗迹。这里盛产橄榄、烟草和仙人果，罗马时期培植的橄榄树胸径达1米，树皮老皱，有如群龙攀缘。当地居民以牧牛、羊为主业。南黎与北黎及贝卡谷地并列为黎巴嫩三大烟草产区。可这儿的烟草长势一般，只有一两尺高就开花了。农民采摘的烟叶，密密地穿在绳子上，靠太阳晒干。当时虽是麦收季节，大多已枯黄的小麦无人收割，或许当地人仍沉浸在重新获得解放的喜悦之中而忙于搞庆祝活动了。

宾特朱拜勒是黎巴嫩最南的县府，分布在三个山包上。该县大多数居民属什叶派，其县府及以东以北是什叶派聚居区，基督徒集中居住在宾特朱拜勒西南艾因易卜勒（驼泉）和拉米希村，建有不少教堂和修道院。这儿土质油黑肥沃，盛产无花果、石榴、葡萄、橄榄和梨。工业规模较小，主要是建材、肥皂、食用油加工业。由于有丰富的黏土，制陶业较兴旺。

这一带气候温和，花期较长，养蜂业比较发达。精明的养蜂人赚钱有道，将交配过的新蜂王，配上六七个工蜂，切一块火柴盒大小的蜂巢，放在通气的小盒里出售，一户每年可多赚千余美元。有些养蜂户专营蜂巢蜜，蜜蜂在中等盘子大小的蜂巢上酿蜜，呈飞碟状，包装在圆铁皮盒中出售。十年前，贝鲁特超市售价每盒15美元，热销四星、五星级饭店。

此行最远点是伊塔·希阿布村，距贝鲁特136千米，分布在13个山包上，也是古罗马大军进入巴勒斯坦的通衢之一，散布许多罗马人的墓地，出土不少石棺。

贝鲁特国家博物馆藏罗马石棺

由此折向西到达拉米耶，这里几乎

成了无人区，1967年“六·五”战争期间，受到了严重破坏，山谷中仍可见到一些残垣断壁。出村不远就进入苏尔县，从米勒瓦希纳（双扇）村开始，每个村庄几乎都与以色列的犹太人定居点相毗邻。鸡犬之声相闻，但不能相互往来。

从东到西几十千米的边境线上，紧张的气氛几近肃杀，铁丝网、电网、电子探测系统、岗哨、暗堡一应俱全。境内到处飘扬着真主党红、黄、白、蓝各色旗帜和阿迈勒运动的旗帜以及“血战胜剑”、“伊斯兰抵抗就是胜利”一类的标语，也有一些建筑物上悬挂黎巴嫩国旗，还有的住宅将真主党党旗挂在国旗之上。边境另一侧的岗楼上悬挂着以色列国旗。以色列占领22年，宽为十几千米的安全区，满目尽见残破的房屋、荒芜的田园和插满“小心地雷”的标志。而以色列一侧绿意盎然，一片连着一片的果园和农田，白墙红瓦的村落，显得十分耀眼。边界两侧的反差太大了。

边境的路上，排满了许多私家车和出租车，载着来庆贺南黎回归的黎巴嫩居民和巴勒斯坦难民，有不少是举家而来，与居住在以色列和巴勒斯坦的亲人事先约好来边界会面的。他们隔着铁丝网相互对话，嘘寒问暖。还有的通过好心的以色列士兵将婴孩递送到对方亲朋手中亲昵一番，再传递回来；有一位男青年让以色列士兵将金戒指传给等候在对面的未婚妻；不可思议的是，一位老者将钥匙传给站在30米开外的亲人，不知是让亲人开启1948年，还是1967年逃难时关闭的家门？！

以色列占领南黎期间，不少南黎巴嫩人到以色列打工，每年可赚回6亿美元外汇，而今他们中的大部分人失业了。而更多的南黎巴嫩人逃往内地，仅贝鲁特国际机场西侧的乌扎伊，就寄居了12万难民。现在，他们中的大部分在做重返家园的打算了。与此相反，数千南黎军及其家属逃往以色列，成为了新的难民。有些人不服以色列水土，接踵穿越边界回归“投诚”。

此情此景，且不论当事者，即便是我们这些旁观者耳闻目睹，心中都会生出几分酸楚。这是黎巴嫩的悲剧，也是中东的悲剧，人世间的悲剧。在我们参观后，悲剧还在一幕一幕地上演，连我们中国维和使者、年轻军官杜照宇的宝贵生命都搭进去了。这场悲剧到何时才能落下帷幕呢？

第六节　见识议会选举

我在黎巴嫩任上，适逢2000年黎巴嫩第12届议会选举。选举分两次进行，第一次是8月27日，第二次是9月3日。共有500多候选人参与角逐128个议席，选举注册费达3千多美元。而选举本身耗资2.5亿美元，相当于黎巴嫩政府要求国际社会向南黎巴嫩提供紧急援助的款额。候选人之一、时任总理哈里里一人就花费了约1亿美元，这是黎巴嫩任何一个候选人都难以企及的。当时他是阿拉伯世界五大富翁之一，拥有35亿美元的资产。

第一次选举是在黎巴嫩山区和北方地区进行。社会进步党主席琼布拉特组成的“斗争阵线”向基督教派示好，提出黎巴嫩、叙利亚的关系应是平等的，叙利亚的驻军应重新部署，并批评胡斯政府紧缩的经济政策和拉胡德总统重用军人和情报人员。结果“斗争阵线”在舒夫山区和阿莱取得大胜，将亲叙利亚的候选人扎海尔·哈提卜和胡贝卡挤了出去，为哈里里“未来阵线”胜选注入了催化剂。

第二次选举在贝鲁特进行。胡斯政府为防个别人左右或独揽票源，选举前将贝鲁特划分成三个选区。结果适得其反，在贝鲁特三区19个席位里，除一席由哈里里预留给真主党外，其他18席全部纳入哈里里囊中，总理胡斯、教育部长贝东和逊尼派慈善机构主席塔马姆·萨拉姆统统落马。

议长贝里的票仓在南方，叙利亚支持贝里第3次蝉联议长，积极促成南方选区各派，包括阿迈勒运动、真主党、纳赛尔人民组织、未来阵线和独立人士组成统一的25人名单，最后贝里顺利当选，打在一个包的其他各派也皆大欢喜。

胡斯博士落选有点令人意外，他1976年至1998年曾5次出任总理，他温文尔雅、诚恳憨厚、为政清廉，一派典型的学者风度。然而，他为了自己的祖国，多次临危受命，担纲国务大总管。在阿明总统任期结束后又出现了另外一个总理奥恩，一个国家两个政府，而与奥恩唱对台戏的就是胡斯本人；拉胡德总统上任后，哈里里因议会只有70人赞同他出任总理而予以婉拒，拉胡德总统转而求胡斯组阁。东南亚爆发的金融危机带来的石油市场不景气之风也刮到了黎巴嫩，加之黎巴嫩几年来大张恢复性重建，债务已达190亿美元，胡斯上台后即执行紧缩性财政政策；行政改革受阻也波及到其他方面的改革；以色列接连对黎空袭，重建的气氛荡然无存，基础建设的大项目也大都停顿下来。在这种局面下，胡斯显然不是哈里里的对手。胡斯则抱怨金钱政治起了作用，然而，他最后一次18个月执政期内，黎巴嫩经济状况恶化或许是选民支持率低的主因。

至于塔马姆·萨拉姆，主要是承袭其父萨伊卜·萨拉姆的政治遗产。萨伊卜是黎巴嫩开国元勋之一，曾6次当议员，7

度任总理。在当年法国军队包围黎巴嫩议会的情势下，他果断地代表伊斯兰教派，与代表基督教派的亨利·法老达成基督教、伊斯兰两派6 ∶ 5分权协议。1957年至1958年领导人民革命，反对巴格达条约组织和“艾森豪威尔主义”，自此至1985年，曾8次遭暗杀而幸免于难。他从政的信条是“理解加谅解”。他将黎巴嫩比作一只美丽的小鸟，唯有穆斯林和基督教徒两个翅膀才能腾飞翱翔。20世纪70年代初，他在总理任上实现了中黎建交。他95岁谢世时，我亲往其宅，向这位传奇式老人表达敬意。

竞选期间，整个黎巴嫩被淹没在照片的海洋里，每位候选人都在报纸上、广告里、墙头上、楼房上张贴或悬挂几百张乃至上万张尺寸不等的照片。实力小的只贴在自己的选区内，实力大的跨区甚至在全国张贴。最大的照片当属哈里里和副总理兼内政部长穆尔，足有四五层楼房高。其次是贝鲁特候选人马赫祖米，他经营制管厂发了财。贝鲁特主要街道的巨幅广告牌上，尽是他的4米 × 12米巨幅彩色照片。许多黎巴嫩人大呼，眼睛都快要被晃花了。

而选举的另一个特点是，政府控制的电视台和广播电台有明显的倾向性，几乎天天翻哈里里和琼布拉特等反对派的“旧账”，令选民出现逆反心理，反而站到了哈里里和琼布拉特一边。

10月17日，在贝鲁特市中心议会大楼举行新议会开幕式，邀请外交使团出席观礼。由年龄最大的议员卡巴兰·户利担任临时主席。他年届89岁，主持选举新议长。当时年纪最小的议员是拉胡德总统的儿子伊米勒，年仅25岁；比他大3岁的议员系前总统阿明·杰马耶勒之子小皮埃尔。由这两位年轻议员当监票员。出席128名议员，其中124人投了纳比赫·贝里的赞成票。贝里此次得票数高于他本人1992年和1996年两次分别获得的105票和122票。

这次选举现场气氛相当宽松热烈，贝里和琼布拉特两人前不久还在闹别扭，开会的前一天双双和解。贝里重新当选后，琼布拉特马上递上去一个字条："一、二、三，贝里是我的命！"贝里在发表胜选感言之前，还专门念了琼布拉特的字条，引起全场哄堂大笑。

新当选的议员48位，令人瞩目的是贝鲁特年轻女议员金娃·贾露勒。她兴高采烈，与四周议员谈笑风生，就是她取代了德高望重的胡斯总理的议席。当然，众多新老议员中，最高兴的还是哈里里，他满面春风，立而不坐，远远地站在议会大厅入口处，投了选议长的票之后，走来走去，同多位议员或打招呼或低声交谈，但经过胡斯总理座前却擦身而过，也许是胡斯故作回避。

第七节　政治人物

一、哈里里创造了神话

2005年2月14日下午一时，拉菲克·哈里里出席议会会议后，乘汽车回府。当其车队行至腓尼西亚和圣乔治两饭店之间时，一辆满载炸药的运货车冲来，突然发生剧烈的爆炸。哈里里等15人当场死亡，上百人受伤。爆炸现场留下5米深的大坑，远在数百米外的总理府大门都被震开了，足见爆炸威力之大，以致哈里里防弹车被炸得粉碎，哈里里的下肢和肩膀都被炸飞了，惨不忍睹。

黎巴嫩总理府

哈里里1944年出生在南方沿海古城赛达郊区一贫苦果农家庭，肄业于贝鲁特阿拉伯大学商学院。60年代末到沙特当教师，后用其所学，改行搞财会。当时，沙特王储法赫德一家建筑公司请他去帮助审计，审出巨额作弊贪污案，深得王储欣赏，王储欢迎他加盟承包项目，从此鸿运降临。1970年他专事建筑工程承包。七八十年代，沙特建筑业正处于飞速发展时期，尤其与朝觐、旅游相关的公共设施如大型机场、饭店等项目接踵上马，令哈里里的专长如鱼得水，发挥得淋漓尽致。他骄人的成就赢得沙特上上下下好评如潮，于1987年获得了沙特国籍。黎巴嫩是实行多重国籍的国度，哈里里成功后不忘桑梓，积极推动结束黎巴嫩内战的努力，并出席1989年在沙特塔伊夫举行的黎各派和解会议。1992年，他弃商从政，业务交儿子们打理，自己毅然返回黎巴嫩，参与重建备受战乱之苦的祖国。此时，他已拥有35亿美元资产的身家，为阿拉伯世界五大富豪之一。

哈里里返回后，组建了集政治、经济和社会慈善功能于一体的松散社会团体——“未来阵线”，并设立“未来”电视台、“东方”广播电台，发行《未来报》。政治上同美国、法国等西方国家和沙特等阿拉伯温和国家关系密切，坚持西式自由、民主和人权价值观。对内主张巩固民主制度，维护民族团结，建设法治国家，发展自由经济，反对真主党继续保留武装，反对外国插手黎巴嫩内部事务。

哈里里在世时，未来阵线已成为黎巴嫩第一大党团，在议会中拥有33个席位。哈利里去世后，其地位有升无降，成为黎巴嫩多数派“三一四力量”的主体，在2008年7月组成的政府中拥有总理和6名部长职位。2009年6月议会选举中稳获33席，蝉联议会第一大党团位置。当年11月，其子萨阿德·哈里里出任总理，并占据4个部长职位。在议会里该阵线与独立人士组成“黎巴嫩至上”议会党团，共有41名议员，几占议席总数的1/3，萨阿德·哈里里自任主席。

哈里里秉承了阿拉伯人的美德，豪爽、慷慨、大方。在黎巴嫩内战期间，他出资成立了哈里里基金会，向流离失所的黎巴嫩难民提供1200多万美元的药品和食品。他在黎巴嫩各地修建了多家私人医院和私立学校，免费为穷人提供医疗和教育服务，还向三万多名黎巴嫩大学生提供奖学金并送到国外留学深造。1989年，在沙特主持下，黎巴嫩各派签署了停止内战、实现民族和解的《塔伊夫协议》，他为协议的签署做了不少工作。为了争取叙利亚总统阿萨德的认可，他出资在大马士革为其修造了一座新的总统府；塔伊夫会议的部分费用也是他提供的。

1992年10月起，先后四次任总理，为时8年之久。他曾设想在2005年大选后东山再起，未料2月中与世长辞。在他任内，黎巴嫩的重建工作初见成效。贝鲁特市中心的建设已初具规模，贝鲁特—赛达高速路和贝鲁特—大马士革公路的改造业已完成。2004年到黎巴嫩旅游的外国游客已超过了战前的人数。

哈里里经常举行盛筵大宴宾客，特别是逢伊斯兰斋月，三天两头操办家宴，以商界、政界、新闻媒体界等分门别类宴请，每次穿插着请四、五位友好国家使节出席，他本人发表政见或即席感言。我曾多次出席哈里里的家宴，在此仅将1999年6月中旬在贝鲁特古莱塔姆街他的豪宅中举行的一次晚宴略作介绍。

晚上九点半，客人们的座车一辆接着一辆从正门进院，路旁两侧树墙之下布满闪闪发光的蜡烛。从主楼楼口下车后，穿过正厅，从后台阶走下去，后花园的夜景一览无余，花木扶疏、烛光点点，柔和的灯光射向后楼，整个楼的轮廓清晰可见。经过S形的甬道，直通后楼宴会大厅。门厅里挤满了高官显贵，穿晚礼服的贵夫人占了五成。只见哈里里夫人纳兹克忙前呼后，彬彬有礼地关照诸位夫人。这是哈利里的第二位夫人，前夫人是伊拉克人，去沙特不久离异。纳兹克穿一袭与肤色匹配的淡青丝绸长裙，高卷秀发，薄施粉黛，从头到右上身，别着镶嵌珠钻的白金饰品，犹如一株枝叶婀娜的牵牛花，她看上去比实际年龄小得多。他们的儿子从美国波士顿大学刚刚毕业归来，哈里里夫妇专门为儿子制作了一方大蛋糕，上立儿子头戴学士帽的毕业照。在场的一家四口席间共切蛋糕，让大家分享愉悦。这无疑是本次宴请的初衷。

宴会厅里满满当当地摆了25桌，每桌10人。与我一道出席的还有英国、埃及和约旦大使，其他多是商界、金融界头面人物，不乏来自沙特、美国和法国的富商，大半是哈里里公司的合作伙伴。偶然间发现邻桌坐着一位熟人，此人便是总部设在安曼的阿拉伯银行董事长、巴勒斯坦解放组织中央委员阿卜杜·马吉德·舒曼老先生，原来他是来黎巴嫩出席该行在黎第15家分行开业式的。他称，其银行是1930年在贝鲁特开业的首家阿拉伯银行，如今哈里里也参与其股，其妻作为巴勒斯坦人也是该行董事会成员。

哈里里任总理期间分别于1996年和2000年两度访华，对中国颇有好感和期待，他对我的约见几乎是有求必应，有时通过礼宾官一时不能安排的，即与他热心的外事顾问阿马勒·穆达拉莉小姐联系，往往第二天就得以见他。他多次谈起访问京、沪，特别是对浦东的印象，称赞中国发展速度快、政策稳，认为黎中经贸合作潜力很大，建议在贝鲁特或其郊区建类似巴黎那样的中国综合服务中心，集销售、下榻、餐饮于一体，周末可吸引大批顾客。但不必急功近利，还是薄利多销为好，可推动旅游业发展。

会见多在他府第主楼会客厅进行。客厅的三个拐角桌上置放家人的各式照片，高脚小方桌上摆设中国仿古瓷瓶，沙发前的大理石桌放着中国粉彩方瓷盘。哈里里告诉我，中国工艺品物美价廉，有的只花上百美元，观者均估值数千美元。他决意专辟一个厅堂，陈列中国工艺品。

在后来的一次拜会时，我冲着他的姓（“哈里里”即为阿拉伯语的“丝绸”之意），特意送他一幅真丝双面绣。画面是巨石之上几枝盛开的牡丹和白玉兰，玉兰枝头落着两只鸟，寓意美满家庭，题款为“玉堂富贵，白头偕老”，下部绣有“苏州刺绣”的红印章。我附上一纸阿拉伯文说明，强调中国是丝绸的故乡，古老的丝绸之路将中国与地中海沿岸国家连接起来，双面绣是中国传统刺绣艺术的一朵奇葩，本绣品的底本是典型的中国工笔花鸟画，将绘画、书法与印鉴有机地结合成一体。哈里里走进大厅，一眼就看到他的两名顾问已展放在小圆桌上的双面绣，我向他解释了绣品的含义并道：“您姓丝绸，与中国有缘，谨送您此丝绸工艺品，聊表敬意”。哈里里闻此对双面绣赞不绝口，嘱助手将它置于大的台面上去。

在结束主旨谈话后，我正要向他道别时，他突然问我：“福摩萨”是怎么回事？我告诉他“福摩萨”是葡萄牙语“美丽岛”之意，这是对中国台湾岛带有殖民主义色彩的称谓。接着他称有一事要请教大使先生：台湾当局欲在黎巴嫩银行低息存款4亿美元，条件是黎巴嫩允其开设商务代表处，可不具任何官方身份、不享外交豁免权、不办理签证，如违诺则予关闭，不知中国可否同意。我回应说，台湾是中国领土不可分割的一部分，台湾与黎巴嫩做生意我们不持异议，事实上，台湾一直保持对黎贸易往来。台湾当局此番用意显然不在促进经贸，而是出于政治目的。陈水扁处心积虑，欲将台湾从中国分裂出去，设立所谓的商务办事处显然与此密切相关。我还向哈强调，中国一贯支持黎巴嫩维护独立、主权和民族团结，相信黎方会珍视这来之不易的友好关系。哈里里当即表示，此事不经中方同意，黎巴嫩决不为之。临别时我建议说，贵政府外交非常活跃，令人欣慰，但望阁下重视俄罗斯的作用，这对黎巴嫩有利。哈里里回答说：“你真够朋友！”

哈里里还是出了名的孝子，他在沙特发迹之后，几度要接其父到沙特安享晚年。可是，老父故土难舍，坚持在老家赛达郊外种他的柑橘，并要求儿子帮他向沙特推销。哈里里为满足老父意愿，将父亲收获的数量有限的柑橘用飞机空运到沙特，分赠同事和友人。尽管运费不菲，落得个老父为柑橘"畅销"而乐不可支。父亲过世后，他又在家乡赛达修造了一座当地最大的清真寺，一为先父有个永久安身之地，二为家乡父老乡亲提供一处精神的家园。

他重建黎巴嫩的理想刚刚起步，就驾鹤远去，永远地长眠在他着手重建的贝鲁特市中心区。洒下的是热血，留下的是希望，可歌可叹。

二、杰马耶勒家族一瞥

2000年，黎巴嫩前总统阿明·杰马耶勒从流亡地巴黎返回半个月，我在贝鲁特东北部山区贝克法亚拜访了他。他曾于1972年应中国对外友协邀请访华，先后到广州、上海、天津等地参观。1974年，他全程陪同由林伟、马海德率领的医学代表团，周到地安排参观和探亲访友活动。在他任总统期间，又向马海德授勋。

杰马耶勒接待我的老房子，已有450年历史，位于贝克法亚镇主街拐角左侧，是座L形两层建筑，底层是按腓尼基传统，粗粗打磨的石块、砌成无梁厅堂，显得古拙朴实；二楼则为土耳其风格，朝山一侧回廊过道，通向各房间和客厅，客厅前连着拱门装饰的露台。坐在露台上，可俯视雾气缭绕的绿色山谷蜿蜒而下，消失在远方碧蓝的地中海。

据历史学家考证，第一批在此定居的天主教徒称"马拉德”（意为大力士），是在679年。后来，贝克法亚成为马龙派头面人物和主教办公的地方。1545年，杰马耶勒子弟自加吉迁来，奥斯曼帝国的本地政权长官、曼苏尔埃米尔在其驻地加齐尔接见并委托杰马耶勒子弟们掌管贝克法亚及其北部事务。从此，这里的农耕和纺织业兴盛起来。阿明·杰马耶勒的祖屋就是此时建造的。不过，院内两株胸径一尺多的黎巴嫩雪松，则是其父老皮埃尔·杰马耶勒于1936年栽种的，由于生长环境好，比天然生长的同龄雪松要高大许多。

1711年爆发了艾因达拉之战，谢哈比埃米尔战胜了阿勒姆丁埃米尔，谢哈比埃米尔为表彰杰马耶勒家族为代表的贝克法亚人作战有功，封杰马耶勒族长为可世袭的“长老”——谢赫。

贝克法亚人骁勇善战，1820年又与德鲁兹人联合起来，联合抵抗巴希尔大埃米尔的高额税收，结果招致奥斯曼帝国、英国和奥地利联合出兵，进驻贝鲁特和朱尼耶。

1842年谢哈比政权垮台后，直至1845年，贝克法亚成为天主教的总部、半个黎巴嫩的首府。自1845年爆发的农民革命到1860年马龙派和德鲁兹的战争，这儿失去了首府地位，但是建筑、教育和商业仍在持续发展。20世纪初，马龙派为寻求更大发展和进步，纷纷向美国和埃及移民。1904年，阿明的爷爷老阿明·杰马耶勒当了镇长，全面修建道路，交通状况大为改善。

阿明的父亲老皮埃尔·杰马耶勒承袭了爷爷“谢赫”头衔，为巩固家族地位、抬升马龙派影响发挥了重要作用，也是20世纪40年代初黎巴嫩独立的元勋之一。老皮埃尔身材高挑，体格强健，爱好体育，是国家篮球队主力之一。1936年赴捷克参加篮球比赛，回国途中路过西班牙，西班牙的长枪党给他留下了强烈印象，回国后便组建了黎巴嫩长枪党。

长枪党一度成为黎巴嫩最大和最具影响力的政党。1967年组建了民兵武装。1975年长枪党民兵袭击了巴勒斯坦解放组织的车队，爆发了基督教派与伊斯兰教派长达16年内战。长枪党在内战中不断壮大，逐步将基督教政治组织联合为“黎巴嫩阵线”，基督教派民兵联合为“黎巴嫩力量”。老皮埃尔的次子巴希尔担任“黎巴嫩力量”司令，并借此于1982年8月当选第七任总统。同年9月14日正在开会的司令部被炸，他当场身亡。阿明接替其弟出任第八任总统，直至1988年9月。这是长枪党在黎巴嫩政坛最荣耀的时期。

然而，萨米尔·贾加接替巴希尔、主掌“黎巴嫩力量”后，脱离了长枪党的领导。该组织内战期间与以色列结盟，并与以互设联络处，曾接受以色列的训练与装备。而长枪党经历了杰马耶勒派和巴格拉杜尼派分裂、合并、再分裂、再统一，已遭到严重的削弱。直至2008年2月，长枪党主席巴格拉杜尼宣布退出长枪党，加入了反对派阵营，阿明·杰马耶勒才当选为长枪党主席。

长枪党历史上同法国关系密切，同西方往来较多，反对真主党拥有武装，指责巴勒斯坦武装在黎巴嫩搞国中之国、反对巴勒斯坦难民在黎定居合法化。

2001年6月，我夫妇宴请阿明夫妇，其子皮埃尔夫妇和姐夫亚历山大夫妇作陪。阿明不无感慨地说道，黎巴嫩内战中，中国从来不插手其间，不偏袒任何一方，包括黎巴嫩共产党，反而对黎巴嫩的灾难深表同情，不时地提供援助，是黎巴嫩可信赖的朋友。1972年应邀访华时，恰巧其妻要生小皮埃尔而未能偕行。访华期间买了一个古色古香的屏风，因为是古董，中国海关未予放行。后来，首任驻华大使布斯塔尼补办了手续并寄给阿明。布斯塔尼大使与杰马耶勒一家是世交，年轻时，与老皮埃尔一道组建长枪党。如今，六个月大的小孙子特别喜欢这个中国屏风，常常对着屏风上的玉雕中国人学讲话。遗憾的是5年之后，阿明之子，这个孩子的父亲、时任黎巴嫩工业部长的小皮埃尔遇刺身亡，年仅34岁，着实令人扼腕。

杰马耶勒家族除“政绩”外，还有“教绩”。2001年6月10日，教皇保罗二世为黎巴嫩修女拉芙卡封圣，黎巴嫩为此专门派一架专机飞赴罗马，由马龙派大主教索菲尔、总统夫人安德列带队，阿明一家随团前往。拉芙卡修女1832年生于马龙派家庭，其父母分别属杰马耶勒家族和布图鲁斯家族。她7岁丧母，十来岁被送到大马士革当佣人，后来她违父愿抗婚，入玛利亚修女会。1914年去世后先后被封为贵人、贤人，因有圣功圣迹，且20所教堂举荐，给予封圣。

马龙派大主教索菲尔

这是第一个被封圣的黎巴嫩修女，黎巴嫩极为重视，总统拉胡德率大批官员前往修道院参拜。杰马耶勒家族以此为荣。

三、临危受命的总统赫拉维

黎巴嫩独立以来的12位总统中，埃利亚斯·赫拉维是最了解中国的总统之一。

他是透过三个层面熟悉并认知中国的。

首先，他本人在出任总统前两年，受黎巴嫩政府的委托，亲自陪同当时的黎籍联合国粮农组织总干事萨乌马访华，争取中国对萨竞选连任的支持。他们一行自香港入境后先访问广州，然后去北京、上海、山西大寨和河南林县红旗渠，中国给予十分热情的接待，并坚定支持萨乌马连任，此访给他留下了极为深刻的印象。

他出任总统9年里，对中国和平友好的外交政策更加深入地了解。他尤其佩服中国对大小国家一律平等、不干涉别国内政。特别是在黎巴嫩16年战争期间，几乎所有的世界和地区大国都插足，而唯独中国同各派皆以诚相待。

其次，赫拉维总统夫人穆娜·贾马勒的父亲易卜拉欣是耶路撒冷的巴勒斯坦人。在穆娜8岁那年，易卜拉欣被以色列炸死，三姐妹随黎籍母亲移居贝卡谷地的巴尔贝克。赫拉维1987年访华时，其夫人穆娜偕行；7年后她又率黎巴嫩妇女代表团出席北京第四届世界妇女大会。赫拉维夫妇赞赏中国自始至终坚定支持巴勒斯坦正义事业，坚决反对干涉其他阿拉伯国家包括黎巴嫩内政。

最后，赫拉维的众多亲属在不同领域与中国建立友好的联系。其堂弟哈提卜任国防部长时，于2002年访华，签署了两个《排雷合作协议》；其堂妹莉娜任国际展览局副主席期间，于2001年随国展局主席访华，坚决地支持上海申办世博会；

其婿布维兹曾担任7年外长，1993年4月访华，走遍京、沪、苏、杭和深圳，坚信他的家乡卡斯勒旺县朱戛小镇是始于中国西安的丝绸之路的最西端，迄今还保留两千年前的传统缫丝织绸工艺。

赫拉维1989年11月就任总统时，黎巴嫩的局势相当严峻。当时，其前任勒内·穆阿瓦德于当年11月初当选，22日就职仪式后，在返回的路上被炸死。而总统阿明·杰马耶勒卸任前，黎巴嫩基督教各派一致拒绝接受叙利亚建议的总统候选人，阿明遂任命前黎军司令奥恩出任总理，又遭到伊斯兰教各派反对。这样，黎巴嫩陷入了前所未有的严重政治危机——没有总统，却同时存在两个政府和两个军队司令。虽然在赫拉维就职前的一个月，黎巴嫩各派达成了《塔伊夫协议》，标志着以政治和解取代旷日持久的战争，然而战火并未真正完全熄灭。1990年初，基督教内部爆发冲突，奥恩"总理"与"黎巴嫩力量"司令贾加之间火并。当年10月，穆斯林民兵又与奥恩指挥的部队爆发战端，以奥恩武装力量被击溃、他本人流亡法国而告终。

赫拉维晚年回顾起这段艰难的日子时不胜感慨地说，从政57个年头，任总统该是事业的顶峰，可对他来说却是其一生最艰苦的经历。三年半的时间里，竟然有家不能归，也无法在总统府办公，只好躲在军营里，孩子们被迫分头散居在外边，每月的薪水只有200美元，几乎处于朝不保夕的状态。谈及此，他表示，他最反对教派政治化，主张政教分离，这样才能从根本上消除动乱的根源。

我离任前，赫拉维总统夫妇专程举行家宴饯行。席间，他一再提起1987年访华所见所悟，钦佩中国人民勤劳智慧，称林县人民一锤一凿地在岩石山体上开出水渠，解决了一个县的饮水和灌溉用水，这简直不可思议；提到苏联垮台后西方普遍唱衰中国，然而中国不退反进，以世界第一的发展速度创造了繁荣，为广大发展中国家树立了榜样。他对中国统一大业也有其见解，认为中国在不断地发展壮大，小小的台湾岛自然而然要回归母国，这是客观规律，不是谁想阻挡就可以阻挡得了的！

赫拉维总统年轻时曾遭车祸，落下了腿脚残疾，损害了健康。他虽然行动不便，却一直达观乐天。2006年7月，这位中国人民的知音永远地离去了。祝愿他生前对黎巴嫩和对中国的期许都早日得以实现。

附件

1.《塔伊夫协议》简介

1989年沙特、摩洛哥、阿尔及利亚三国受阿拉伯联盟特别首脑会议委托，组成三方委员会调解黎巴嫩内部冲突。同年10月22日，来自黎各派的57名议员在沙特的塔伊夫市达成实现民族和和解文件，即《塔伊夫协议》。协议规定：议会议席由99席增至108席，将基督教派和伊斯兰教派在议席和军政要职中的分配比例从原先的6 ∶ 5改为各占50%；国家权力从总统手中转向内阁；总统可主持内阁会议，但无表决权；总统仍是武装力量最高统帅，但其一切决定必须经内阁批准；解散各派武装（后由于黎南部仍被以色列占领，作为特例，允许真主党和阿迈勒运动保留抵抗武装）；政府在一年内依靠国家正规部队在黎行使主权；进行行政等各领域改革；承认叙利亚与黎巴嫩之间存在“特殊关系”；叙军承诺在两年内帮助黎恢复主权，并在黎选举总统、成立民族和解政府后撤至贝卡谷地；此后，驻黎叙军的人数和期限将由双方政府商定。

2.《多哈协议》简介

2005年2月，黎巴嫩前总理拉菲克·哈里里遇害身亡，引发黎政局动荡，民众多次举行大规模游行。3月14日，来自黎全国各地的上百万群众举行反叙利亚游行，要求叙从黎全部撤军，此次游行被称作“雪松革命”。4月27日，叙军全部从黎撤离，叙对黎29年的军事控制宣告结束。在2005年6月议会大选中，以前总理拉菲克·哈里里之子萨阿德·哈里里为首的亲西方反叙利亚的“三·一四”力量赢得近60%的议席，组成了以西尼乌拉为总理的内阁。

“雪松革命”结束了叙利亚对黎巴嫩的军事控制，但黎政坛亲叙和亲伊（朗）的力量仍然强大，被称为“三八”力量。2005年议会大选后，以真主党和阿迈勒运动为首的黎议会反对派虽也加入了以西尼乌拉为总理的联合政府，但在诸如哈里里遇刺案调查、解除真主党武装等重大问题上与亲西方的黎议会多数派立场针锋相对，导致内阁陷入半瘫痪状态。2006年7月，爆发黎以冲突，以色列未能达到消灭真主党武装的目的。冲突后，真主党名声大振，率领“三八”力量要求重组政府并拥有内阁三分之一加一部长席位，以掌握对政府重大决策的否决权。2006年11月，黎议会多数派与反对派在有关前总理哈里里遇刺案国际法庭规约问题上分歧严重，隶属反对派的5名什叶派部长集体辞职。此后，反对派宣布，根据宪法有关黎所有政府机构必须有各教派代表参加的规定，西尼乌拉政府因什叶派部长全部辞职而不再是合法政府。2006年11月21日，黎前总统阿明·杰马耶勒之子、工业部长皮埃尔·杰马耶勒遇害身亡，“三·一四力量”发动大规模游行示威。12月1日起，反对派“三八力量”也发起大规模的反政府示威活动，并在市中心搭建帐篷进行无限期静坐。

2007年11月，拉胡德总统任期结束，黎议会多数派与反对派未能就总统继任人达成一致，黎总统权力真空。隶属于反对派阵营的贝里议长拒不召开议会会议，议会选举总统的会期被推迟多达19次。黎议会和行政机构均陷入瘫痪或半瘫痪状态，爆炸、暗杀、局部武装冲突等事件频发。2008年5月7日，西尼乌拉政府宣布撤换机场安全委员会主席（亲反对派人士）和拆除真主党专用电话通信网，引发真主党强烈反弹。真主党武装在贝鲁特向多数派发起大规模武装行动，两派民兵进行了7天的武装激战，真主党控制了贝鲁特主要通道，占领和封锁了机场。冲突共导致40余人丧生，近200人受伤，成为黎内战结束以来最严重的内部武装冲突。

5月14日，在以卡塔尔外长为首的阿盟部长委员会代表团的斡旋下，黎冲突两派达成妥协，同意在卡塔尔首都多哈就总统选举、组建民族团结政府等问题举行谈判。5月21日，黎各主要派别代表在多哈签署了《多哈协议》，主要内容是：双方同意选举黎军司令米歇尔·苏莱曼为总统，同意组建过渡性的民族团结政府，给予反对派三分之一加一的内阁席位（从而使之拥有了对内阁决议的否决权）；同意按1960年选举法为蓝本修改议会选举法；反对派同意解除对贝鲁特机场的封锁，撤走市中心的静坐帐篷。至此，持续一年半的黎政局危机得以缓解。5月25日，议会选举黎军司令米歇尔·苏莱曼为黎巴嫩第12任总统。总统接着授权西尼乌拉组成过渡性民族团结政府。此后，黎政局逐步恢复正常。

3.《安理会425号决议》简介

1978年3月14日，以色列借口特拉维夫一巴士遭来自黎巴嫩的巴解人员袭击，出兵直抵利塔尼亚河。3月19日，联合国安理会开会通过第425号决议，决议呼吁以色列立即从黎巴嫩撤军，并决定向黎巴嫩派驻联合国维和部队，以确保以色列撤出黎巴嫩，维护国际和平与安全，帮助黎巴嫩政府维护其主权。

第三章 经济与贸易

第一节 经济概述

黎巴嫩土地和矿产资源贫乏，粮食供不应求，矿产除石灰石外，几乎没有其他矿藏；虽濒临地中海，但水温与盐分偏高，渔业资源不丰，仍需依赖进口水产品；水利资源比较丰富，年降水量达700~1000毫米，年均总量达86亿立方米，适宜精细农业，每年向波斯湾阿拉伯国家出口水果和蔬菜。

由于黎巴嫩地理位置和地质地貌得天独厚，依山面海，又有狭长的谷地，加之水量充沛，孕育了多样的气候和繁多的物种；东西交汇的文明又留下了多姿多彩的风情习俗和文化遗迹。这一切令黎巴嫩顺理成章地成为举世闻名的旅游胜地。

自古以来，以海上贸易见长的黎巴嫩人，世代传承，在三四千年前就执地中海贸易之牛耳，在国际商贸领域一直占有一席之地。20世纪六七十年代再现以贸立国的辉煌，黎巴嫩因此享有“东方瑞士”的美誉，贝鲁特则被称作“东方的小巴黎”。

黎巴嫩实行开放、自由的市场经济，私营经济占主导地位。1975年内战前的20多年间，黎曾是中东金融、贸易、交通和旅游中心。但16年的内战和以色列的多次入侵，使黎巴嫩经济损失了约1650亿美元，昔日的繁荣已成为人们怀旧的谈资。内战摧毁了大批基础设施，经济与社会严重倒退。1989年内战结束，接着1991年中东和平进程启动，黎预期经济会利好，遂大兴土木，开始了雄心勃勃的重建计划，规划总投资达620多亿美元，且完成了沿海城市，特别是贝鲁特市的部分重建计划。但由于中东地区持续动荡，黎经济复兴计划受挫，背上了沉重的债务包袱。90年代后期，黎经济陷入困境，财政赤字居高不下，债务不断攀升。21世纪前5年，黎发展总体平稳。然而2005年初，哈里里总理遇害导致黎内部政局动荡，翌年7月爆发新的黎巴嫩、以色列军事冲突，经济重建陷入停顿。这场大规模冲突结束后，国际社会召开了两次援黎国际会议，向黎提供了大笔援助，为黎经济发展带来一定的动力。第一次是2006年8月31日斯德哥尔摩国际援黎会议，承诺向黎提供9亿美元，主要用于安置难民、恢复基础设施等，其中1/3的援助来自阿拉伯国家。第二次是2007年1月25日巴黎援黎国际会议，承诺向黎提供总额为75亿美元的资金援助，其中赠款达10亿美元。2008年实现经济增长7%，创造了黎近15年来的最高增长记录。

重建以来，黎的财政赤字居高不下，公共债务快速增长，截至2008年底，已达470亿美元。这意味着占黎巴嫩2008年国民生产总值的162%，相当于人均背负11750美元外债。

在缺乏自然资源，又易受国际和地区环境特别是中东纷争影响的情况下，黎巴嫩新政府对内优化投资环境，对外优先发展同周边阿拉伯国家尤其是波斯湾阿拉伯石油国家的经贸、旅游关系；其次是在欧洲—地中海协作伙伴协定框架下密切开展同法国等欧洲国家的经贸、环保与安全合作；再次是加强同美国及拉美国家合作，同时也日益重视同中国、日本、韩国等远东国家的经贸往来，尤其从中国进口的势头与日俱增，2008年空前地达到13.66亿美元，中国从而成为黎第一大进口货源国。

第二节 基础设施

一、机场

黎巴嫩共有7个机场（其中有两个直升机场）。这些机场中，以贝鲁特国际机场、特利波里货运机场和位于贝卡谷地北部的军用机场最为重要。

贝鲁特国际机场，每年可接纳600万旅客，可起降世界上最新型的大型飞机，同时停靠30架大型飞机。该机场已与世界上30多家航空公司建立了业务联系，国际直飞航线包含下列国家：欧洲的英国、法国、意大利、德国、俄罗斯、瑞士、荷兰、乌克兰、波兰、罗马尼亚、捷克、亚美尼亚、匈牙利，非洲的埃及、埃塞、突尼斯、加纳、阿尔及利亚、尼日利亚，波斯湾的沙特、阿联酋、卡塔尔、科威特、伊朗，周边国家塞浦路斯、希腊、土耳其、约旦等。此外，黎还与阿拉伯国家及欧盟签署了实施促进旅游业发展的“开放天空”协议。2008年，该机场航班起降达45278架次，同比增长15.9%；旅客总量达403.96万人次，同比增长21.4%。

二、港口

黎巴嫩共有12个港口，主要的是贝鲁特港、特利波里港和赛达港口。

贝鲁特港是黎最主要的港口，承担了全国货物吞吐量的八成以上。大小码头总长5155米，其中1654米是普通货物码头，水深8~10.5米；1334米是集装箱码头，水深10.5~13米。该港区内拥有12座仓库，总面积77444平方米。“二战”以后至20世纪70年代中期，该港是中东地区最主要的货物集散地之一。2004年，由中国振华港机提供的桥吊和轮胎吊在贝鲁特港口安装完毕，港口初步实现了集装箱作业现代化。2008年，该港集装箱装卸量达94.5万标准箱；货物吞吐量达570万吨，同比增长7.5%；总收入1.32亿美元，同比增长16%。

三、公路及铁路

黎巴嫩各级公路总里程约7300千米。其中高等级公路（高速或快速公路）约530千米，包括：从北部沿海城市特利波里至首都贝鲁特80千米；贝鲁特至南部城市苏尔80千米；贝鲁特至叙利亚边境“大马士革公路”50千米。一级公路1650千米，二级公路1340千米，地方级（含乡村）公路2810千米。目前，黎巴嫩绝大部分公路通行无阻，但因不少主要公路及附属交通设施在2006年黎以冲突期间曾遭严重破坏，有些路面状况尚不理想。

黎巴嫩原有铁路总长401千米，其中标准轨（宽1.435米）铁路319千米，窄轨铁路（宽1.05米）82千米，均已被废弃。

四、电力

黎巴嫩电力行业由国有电力公司（EDL）垄断，旗下拥有7座火电厂，总装机容量204万千瓦；3座小型水电站，总装机容量22万千瓦。目前，黎巴嫩实际发电功率160万千瓦，实际需求功率220万千瓦，缺口为60万千瓦；国有电力公司年发电量约100亿千瓦时，占全国发电量90%；每年需从国外购电4.55亿千瓦时，单位及居民多需自备小型发电机。

2009年2月，黎政府与埃及政府签订输电协议，并已从4月27日开始从埃及经由叙利亚及约旦的高压电网输入电力。

第三节 投资环境及政策

黎巴嫩实行开放、自由的市场经济，投资者在黎巴嫩进行商业注册无任何限制，注册手续简单快捷，一周之内即可完成。黎巴嫩投资发展局（IDAL）提供登记注册“一条龙”服务，简化新企业建立程序；上市公司对公司的组织形式也无特殊要求；除了涉及国家安全的领域外，任何人均可从事任何领域的商业活动，包括投资贸易、工业、农业、旅游业，并可不通过当地代理直接参与黎政府采购项目的竞标；不过，当局鼓励实施独家代理制。政府极少干预价格机制，只对诸如药品、面包和燃料等国计民生商品实行浮动价格指导。

黎巴嫩金融业发达，内战前是中东地区金融中心。黎实行金融自由化政策，信守客户保密制度。银行服务业是黎重要的支柱产业之一。境内银行总数超过70家，此外，还有众多的钱庄和银行办事处等非银行机构。一些著名的国际大银行如汇丰银行在黎也有分行。近些年来，黎成功地实现了汇率稳定，利率基本平稳保持在1美元=1500黎镑，为经济发展创造了良好的金融环境。黎中央银行严禁任何黎银行从事金融衍生品的投机交易，因而使黎金融业幸运地避开了源自美国的金融危机冲击。

资本市场方面，贝鲁特证券市场于1995年12月16日正式恢复运行，经过十多年的发展，已逐渐步入正轨。

税收方面，黎巴嫩一般对公司或自然人最高征收15%（系指一般区域的项目）和4%~21%的个人所得税（累进制），与周边国家相比要低得多。此外，还对不同类型的公司征收数量有限（200万黎镑以下）的固定税，对流动资本收益征收10%的收益税；对储蓄账户的利息收入及非居民的外汇存款免征利息税；对股份公司只象征性征收利润的2%~6%的固定税，税额不超过500万黎镑。对控股公司、专业银行及其他类型的企业各有一些象征性的税收。

黎巴嫩还建立了一个国家投资担保机构（NIIG），并加入了世界银行的多边投资担保机构（MIGA），为投资提供战争、罢工、政府征用等风险担保。其中风险担保金额最高可达5000万美元/项目，极大地稳定了投资环境。

黎政府鼓励民间投资，并在法律上提供保障。黎对所有外国投资实行国民待遇，本地人和外国人一视同仁。2008年，黎吸引外国直接投资总计36.06亿美元，同比增长32%。从投资来源地区看，90%来自阿拉伯国家；从投资来源国别看，63%来自沙特，19.8%来自科威特。

2001年8月，黎颁发第一部《鼓励投资法》，吸取国外吸引投资的经验，以法律的形式确立对投资的优惠政策。实行对内资、侨资和外资一视同仁的国民待遇。新投资法从监管机构上、投资优惠条件上对投资作了一些明确规定，主要内容包括：

一、强化黎巴嫩投资发展局（IDAL）的职能

投资发展局成立于1994年，2001年黎巴嫩《鼓励投资法》

再次确立并强化了投资发展局在黎投资事务中的地位。该局享有独立行政和财政权，直属内阁总理领导。根据新的投资法，该局有权协调政府各有关部门和公共部门在投资相关方面的工作。其宗旨是鼓励国内外投资人投资工业、农业、旅游、信息、高科技、通信和报刊媒体等领域及内阁确定的其他投资领域。投资发展局设理事会，下设财务及行政事务处、研究和规划处、信息宣传处和注册许可一体化处四个部门。投资发展局的职责是：宣传黎投资环境，执行新的《鼓励投资法》；研究、接受新投资项目的税收减免、注册申请，批准新项目；向境内外投资者提供有关黎的经济、贸易、工业信息、投资机会和投资领域的研究报告，以及有关黎巴嫩投资环境的调研、政策文件、统计和建议。新投资法赋予投资发展局必要的管理权和执行权，但项目最终的批准权以及项目的分类权仍在内阁。在一些具体问题上，投资发展局在政府各部门之间起协调的作用，但不能凌驾于这些部门之上，所以在很大程度上，它仍要受到内阁及其他部门的制约。

二、不同的地区性投资优惠条件

新投资法体现地区平衡发展战略，将全国划分为三个不同的经济区域，各区域的投资者享有不同的优惠政策。

A类区：大体指贝鲁特、特利波里和赛达三大中心城市及其周边地区，投资者被要求雇用至少两倍于外籍员工的本地员工；在贝鲁特证券交易所挂牌上市的有限公司，可以享受为期两年的所得税豁免，条件是上市股本不低于总资本的30%；而对于该区内的旅游、海洋渔业投资项目，投资发展局在报经内阁批准后，可以给予此类项目以B类区投资所享有的优惠条件。

B类区：毗邻A类区中心城市，南部地区的赛达、苏尔和杰津市的工业区和北部的里麦尔、拜达威、米纳等地的工业区也被划为B类区。该类区各方面条件相对较好。除A类区的优惠外，B类区的投资者可另享受5年的所得税及投资收益税减免50%。

C类区：是指北部山区和贝卡谷地，经济落后，多为农业区。这一区域劳动力富裕，地价低，可吸引传统产业投资。但该类地区交通条件相对较差，远离消费市场，除农业资源外，没有其他资源。除享受A类区的优惠外，该类区的投资者可享受10年的所得税及投资收益税全额豁免。

三、对高科技、信息和通信项目的投资优惠

由于自然资源匮乏、劳动力和地价昂贵等原因，黎传统产业发展潜力受到制约，而贸易、银行和旅游等服务业较为发达，劳动力受教育水平较高，这为黎发展信息产业和高科技产业提供了市场条件和人力资源基础。黎政府历来重视高科技及信息产业的发展，与周边的阿拉伯国家相比，黎最早引入互联网，对相关电子产品的进口自由度也是最高的。为鼓励高科技、信息产业和通信业的投资，投资法明确规定，此类项目不论设于境内何处，均可享受C类区同等优惠待遇。

四、一揽子交易合同

一揽子交易合同是指政府为投资人在该类合同规定的期限内履行其义务，而给予投资者某种特定减免优惠上限的协议，但仅限于能给当地带来可观就业机会的大型投资项目，双方的

权利和义务在该类合同中体现。按一揽子交易合同方式实施的项目，可享受一揽子优惠政策。对于此类合同的争端，新投资法规定将通过友好商谈的方式解决；友好协商不果，则可提交仲裁解决，仲裁地点可在合同中加以规定。

第四节　海关与商会

一、海关规定

2001年，黎巴嫩开始实行新的《海关法》，简化了通关手续，加快了通关速度。主要是采用了国际标准货物估价方法，实施现代、公平的争端解决程序，实现电子报关，推动工业区和免税区的发展，使机场和港口的进口商品清关速度大幅提高。目前，黎海关正致力于引入网上自动清关系统，贸易商和报关公司可使用该系统并跟踪报关进展情况。该系统完全实施后，用户将可以联网注册、估价并从其银行账户上直接支付清关费用。

黎巴嫩依据世界贸易组织的《商品名称及编码协调制度》（HS）执行关税税制。海关进口关税采取从价税、从量税和混合税三种方式。黎海关关税细目中，83%以上细目的关税税率小于或等于5%，少数为15%~40%不等。海关网站可查询每个关税税则号所对应的进口关税率。从2002年1月起，海关开征增值税，税率为货物价值的10%。

二、进口商品检验检疫

黎巴嫩对进口商品检验检疫方面的规定基本与国际接轨，如有特殊检疫要求，一般会有官方的提前通知。在进口方面，进口商如希望享受优惠待遇，则需要出口国商会出具原产地证书。另外，根据进口商品的具体种类，可能要求提供一些特定单证，例如进口许可证、法定标准合格证（向欧洲出口例外）；源于植物的所有食品需要经黎农业部认证的原产地证书；所有工业产品，则需经黎工业部认证的原产地证书；出口欧洲的工业产品原产地证书由黎工业部依据货物流转证明EURI和FORMA出具，并需海关认证。根据出口商品的具体种类，可能要求提供一些特定单证，例如出口许可证，源自植物的食品合格证、农业证和农业卫生证等。

黎巴嫩主要国家级检验机构有：隶属黎工业部的工业研究所实验室（IRI）、卫生部的中央实验室、农业部的农业研究所实验室、贝鲁特美国大学的化学和药理学实验室、圣约瑟夫大学的法国医学院化学和药理学实验室、黎巴嫩圣母玛利亚医院的核医学实验室。

工业研究所（IRI）提供质量证明、符合标准的合格证或符合购买要求的合格证。黎也认可外国公司（例如SGS和Veritas）出具的质量证明或合格证。黎农业部有权签发出口农产品合格证。经出口商申请，黎经贸部有权签发出口农业产品合格证。经出口商申请，黎经贸部有权签发合格证和出口证明书。经出口商申请，黎卫生部可以签发检疫证书。

三、商会

黎商会历史可追溯至19世纪中叶。当前的黎四大商会（即贝鲁特和黎巴嫩山区工商会、北方商会、南方商会和扎赫莱商会）是依据1967年8月颁布的黎工商会组织法成立的。1996年上述四大商会组成黎巴嫩工商会联合会，负责协调四大商会的活动，并代表黎商会组织加入阿拉伯国家农工商会总联盟。1997年4月，贝鲁特和黎巴嫩山区工商会建立了工商会内部组织机制，这个组织机制随后成为其他商会通用的机制。1997年5月，鉴于政府方面特别关注农业及农产品出口，各商会又易名为农工商会（以下简称商会）。黎巴嫩农工商会联合会主席由前任的贝鲁特和黎巴嫩山区省农工商商会主席穆罕默德·斯塔里担任。

在四大商会中，贝鲁特和黎巴嫩山区农工商会是最大的商会组织，目前有注册会员10500人，理事会成员28人，会员中从事贸易者占绝大多数，工厂主和农场主相对较少。该商会集中了大贝鲁特地区主要的大商人、工厂主和农场主，垄断了绝大部分的进口业务。此外，黎巴嫩国营电力、电讯、供水公司等，在黎只从事公益事业，为非商业单位，不以赢利为目的，因此不是商会会员，外国独资公司也不能加入商会。

商会由全体大会、理事会、四大常设委员会和行政办公室构成。商会具体提供以下服务项目：进行各种认证，从事经济研究，建有数据库，可向政府部门和业界提供经济形势评估；商会网站和欧盟信息中心连接，方便会员查询；提供临时进口许可证担保，方便参展和样品的临时进口（ATA CARNET）；协调国际陆路运输联盟；接待安排外国经贸代表团；对外举办商品展；负责电子商务中心数据处理；进行数字认证，技术培训以及仲裁等。

第五节　对外贸易

对外贸易在黎巴嫩国民经济中占有重要地位，是黎巴嫩经济的四大支柱（金融、旅游、贸易和侨汇）之一。

黎巴嫩对外贸易的主管机关为经济贸易部。在注意保护本国产业的同时，鼓励自由贸易。

黎巴嫩没有专门的贸易法，有一部《国家产品保护法》，黎巴嫩经贸部网站有《国家产品保护法》英文版。此法旨在保护黎工业和农业，防止危及国内工农业的他国产品倾销黎市场，对有关的税收政策及其他事项作了较详细规定。

由于黎巴嫩工农业基础薄弱，绝大部分工业制成品和生活日用品均需仰赖进口，这种经济结构的特殊性决定了商业代理制度在外贸活动中的特殊地位。黎代理商为外国贸易或生产公司在黎或中东及其他地区代理经销产品。黎实行自由贸易，货物进口中只有不到1%的商品受黎10个有关政府机关贸易措施的限制。

黎巴嫩禁止进口的产品有：雪松种子及幼苗，用于生产面包的化学改良剂，不含碘的食盐，矿物和金属制品的废物、矿渣、灰、废料，黑色水泥和熟料，出厂超过8年的车辆和使用超过5年的货物运输车辆，使用过的医疗器械和辐射仪器，气体燃料打火机，频率为900兆赫的无线电话机等。黎遵守阿拉伯国家联盟对以色列的贸易抵制，禁止进口在以色列制造或源自以色列的产品。

黎巴嫩要求商品标签注明产品净重、成分、原产地、生产日期和有效终止日期。标签语言可使用阿拉伯语、英语或法语，使用希伯来语标签的产品被禁止入境和销售。

黎巴嫩对外贸易的主要港口为贝鲁特港和的黎波里港。贸易主体为私营进口公司。黎外贸总体仍保持增长态势。2009年1~9月，黎进口已达119.9亿美元，出口24.5亿美元，进出口总额达到144.44亿美元。2010年外贸总额达222.17亿美元，同比增长12.63%。中国是黎仅次于美国的第二大贸易伙伴，双边贸易额达16.88亿美元，同比增长14.67%。

黎巴嫩头三位贸易伙伴分别为美国、中国和法国，进口的前三位产品分别为矿产品、运输设备和机电产品，出口的前三位产品分别为贵金属及其制品、机电产品和贱金属及其制品。黎巴嫩1999年1月正式申请加入世贸组织，迄今未入世。

第六节　工农业

农业是黎巴嫩最主要的可利用资源。由于黎巴嫩境内气候和地形的多样性，黎巴嫩农业具有进行多样性经营的潜力。然而，由于国土狭小，可耕地面积有限，加上投资不足，内战破坏，自然的小农经济和粗放型经济一直占相当比例，导致黎巴嫩农业仍相对落后，农业集约化程度低，产品也远不能满足本国消费者的需求。尽管如此，农业依然是黎国民经济的一个重要组成部分。2008年黎巴嫩农业出口额达1.66亿美元，占出口总额的4.8%；进口额猛增22%，达14.37亿美元，农产品进口导致贸易赤字增长了21.7%。

黎巴嫩共有可耕地248000公顷，其中水浇地104009公顷，占可耕地面积的42%。此外，黎巴嫩还有53137公顷超过5年的休耕土地。在可耕地中，私有土地占85%，国有土地占12%，教会土地占1.3%，地方政府和村镇公有地占1%。目前，约62%的可耕地为农户直接占有或近似直接占有的状态。黎巴嫩可耕地相对集中，75%的小农户（少于1公顷）占20%的耕地，而1.6%的大农户（超过10公顷）则拥有全国近

30%的土地。

贝卡谷地是黎巴嫩主要农业区，黎巴嫩的可耕地主要集中于此，约占总数的52%。其余耕地分布在：北方省24%，南方省12%，山区省10%。休耕地也主要分布在贝卡省，约占总数的36%，其次是山区省，约占21%。贝卡谷地曾是古罗马的粮仓。这里土地肥沃，雨水充足，适合农耕。据统计，黎工业原料种植农户的62%，蔬菜种植的57%，谷物种植的57%以及果树栽培的37%均集中在贝卡谷地。

工业是黎巴嫩的一个薄弱产业，受人力资源成本及生产成本较高的制约，黎巴嫩工业品难以与本地区及国际同行业进行竞争。但2008年，黎巴嫩工业表现良好。工业出口额达33亿美元，同比增长23%。而能在一定程度上反映投资规模的工业设备进口额，则在2008年同比增长了15.6%，达1.88亿美元。黎巴嫩最大工业设备进口国为意大利，占总额的24.2%；其次为德国，占21.4%；中国占15.9%，美国占6.0%，土耳其占4.3%。

第七节　长盛不衰的金融业

黎巴嫩银行出现在第一次世界大战之后。法国委任统治后，于1924年将叙利亚银行更名为“叙利亚和大黎巴嫩银行”，1937年又更名为“叙利亚、黎巴嫩银行”，它是按商业规则运作的银行，虽非中央银行，却承担发行货币的职能。

第二次世界大战后，尤其在黎巴嫩独立后，选择自由金融体制。由于当时黎巴嫩的资本主义薄弱，成为自由经济的乐园，吸引了相当部分周边地区资本和商务活动。地区石油收益倍增，以色列的诞生，苏伊士运河的封闭，地区政变接连不断，不少国家实施国有化，诸如此类的因素，促使大批资金流向黎巴嫩，黎巴嫩银行业大获其益。

黎巴嫩独立后，中断了黎镑与法郎的联系；与叙利亚关系的不睦导致黎镑与叙镑的分家。“叙利亚、黎巴嫩银行”宣布自1948年2月2日起废除联合发行货币协议，1949年5月黎巴嫩议会立法建立独立的金融体系，1950年黎、叙关税联盟解体。

在已故民族集团党主席雷蒙·埃迪推动下，黎巴嫩议会于1956年颁布《银行保密法》，使黎巴嫩的银行成为吸引阿拉伯资金的中心。埃迪在提交法案时宣称，要使黎巴嫩成为阿拉伯世界的银行，东方的瑞士。

进入60年代，黎巴嫩金融体系得到进一步的完善。1961年成立了银行行业协会，1963年8月颁布了《货币与放贷法》，据此设立了中央银行，即“黎巴嫩银行”。为遏制银行数量无序增长，黎巴嫩政府于1966年决定不向非专业银行发放许可证。为应对银行倒闭而出现挤兑现象，黎政府决定设置保障存款者权益机构，银行的数量遂从88家降至1968年的72家。经过这次整顿与改革，黎巴嫩金融业资质大幅提高。经过1973年“十月战争”和石油价格猛涨后，贝鲁特已成为中东地区的金融中心，外资银行的办事处达68家。其结果导致20世纪70年代初期黎巴嫩经济急剧膨胀，黎镑升值，中央银行被迫大量购入美元，各银行外贷以黎镑结算。1975年内战爆发时，银行的预算超出国内生产总值110%，接近瑞士银行的水平。尽管如此，黎巴嫩最终并未变成世界金融中心，它的金融资本仅有40亿美元，不及瑞士的1/10。

黎巴嫩内战前期，金融业未受大的影响，银行数不降反升。内战头两年，因为资助内战的外来资金源源不断地流入，银行收入仅减少了3%。1976年至1982年，黎巴嫩又进行第二次改革，建立“金融自由区”，1977年的存款猛增43%，尽管当年的经济活动减少了50%。因境外资本大量向境内转移，促使银行数量从1977年的80家，增至1982年的92家。

1982年以色列入侵，致使大量外资外撤。1982年银行资本金从200亿黎镑降至140亿黎镑。而黎巴嫩金融业最困难的阶段是内战后期的1987年至1990年，因缺少流动资金，东方银行率先宣布中止支付，引起连锁反应，客户纷纷到银行挤兑。

1991年内战结束，黎巴嫩设立银行法庭，增加银行资本金，提高存款利率，最高年利率达43%，存款量稳步增长，政府的债务也曾占国内生产总值的120%。即使1997年底到2000年黎巴嫩经济不景气时期，其银行业仍处于赢利行业之首，保持了较高的收益率。在阿拉伯世界100家大银行评选中，黎巴嫩有11家银行入围。黎巴嫩各银行在2001年的排序，按资产分别为侨民银行、地中海银行、比布鲁斯银行、奥迪银行、黎法银行、法兰萨银行、瑞士—黎巴嫩银行、贝鲁特银行。按放贷排序分别为中东银行、侨民银行、奥迪银行、黎法银行、比布鲁斯银行、瑞士—黎巴嫩银行、法兰萨银行、斯兰达尔银行、贝鲁特银行、信贷银行。

黎巴嫩金融业长盛不衰的主因是雄厚的一流金融人才队伍。由萨拉迈担纲的中央银行一次又一次避开惊涛骇浪就是一例。他随时调节现汇市场，几次在国际市场发行债券都很成功。虽然2006年7月遭遇黎巴嫩—以色列33天战争，黎巴嫩银行仍是世界上运行最好的中行之一，他也因此而获奖。所以，他的薪金是总统的十倍不足为怪。黎巴嫩每年都有大批人口外流，但同时又有相当多的高级人才回国寻求发展机会，从而为黎巴嫩金融等行业输送新鲜血液。信贷银行1999年花了一大笔钱解雇45%的雇员，却又花高薪招聘了30位高素质人才。这就是黎巴嫩金融业制胜的高招。

第八节　葡萄美酒五千年

黎巴嫩的酿酒业应是世界最古老的酿酒业之一，已有五千多年的历史。公元前3000年，腓尼基就成为世界最大的葡萄酒贸易国，通过比布鲁斯港将葡萄酒销往地中海沿岸国家埃及、雅典、威尼斯等。两千年前，黎巴嫩产的葡萄酒已成为美好事物的象征，以至被神化的程度。《圣经》中将人的优秀品质比作黎巴嫩的葡萄酒，并提及耶稣在黎巴嫩南部嘎纳将泉水变成葡萄酒的“奇迹”。美国水下考古学家罗伯特曾在黎巴嫩

巴尔贝克
酒神庙

近海海底发掘出公元前750年的两艘腓尼基沉船，在沉船的遗物中发现了两千多年前酿造的葡萄酒。

罗马帝国侍奉酒神，并在诸神中占有举足轻重的地位。1世纪在巴尔贝克修造的酒神巴卡斯神庙宏伟壮观，在巨大的石灰石门框上的三类浮雕图案装饰，包括罂粟叶、果和麦穗，无花果、梨与谷穗，小天使在缠枝葡萄中以不同的姿势采摘葡萄。该神庙正面有8根石柱，两侧各15根石柱，柱高15米，直径2米。供奉巴卡斯神像的厅堂四周墙上，遍雕葡萄和酒壶的图案。

酒神庙是巴尔贝克神庙的有机组成部分，它与法庭、丘比特神庙、维纳斯神庙等共同组成了这座罗马时期最大的太阳神庙。它恰恰位于盛产葡萄的贝卡谷地北缘。贝卡谷地平均海拔1000米，光照度好，春夏季白昼炎热干燥，夜晚气温较低，特别适宜栽培葡萄。自古以来贝卡谷地就是中东地区葡萄的重要产地之一，以至今日，它依然是黎巴嫩葡萄主产区。每到金秋季节，这里的酒庄一个个忙得不可开交。年均生产葡萄酒700万瓶，一多半销到国内市场。依山谷而建的扎赫莱市也是一年中最热闹的时节，市入口处美酒女神的雕塑，一手擎酒壶，一手提葡萄串，像磁石一样吸引八方来客，前来品尝葡萄佳酿。

20世纪20年代以来，黎巴嫩在法国委任统治期间，其酒文化又加进了外来文化元素，改良的葡萄酒成为黎巴嫩上流社会交往的一种触媒和馈赠的首选，并在国际博览会中多次获奖，在欧、美、亚洲的销量不断增加。黎巴嫩政府对酿酒产业给予了足够重视，为规范葡萄酒业，特颁布葡萄酒法案，对生产、销售、进口等一系列环节提出了严格的标准和规定，以确保黎巴嫩葡萄酒高质量有秩序地生产，同时提高进口葡萄酒的税率，以保护本国葡萄酒业，使黎巴嫩酒文化长盛不衰。

第九节 雪松之邦

黎巴嫩雪松是世界四种雪松之一，是黎巴嫩的象征。自独立的那天起，雪松刚劲挺拔、苍翠秀丽的形象就成为黎巴嫩共和国的国徽，并成为黎巴嫩国旗的核心构图。

黎巴嫩雪松分布在黎巴嫩山的北段和中段，自圣谷顶端的布夏拉镇，经贝鲁特—大马士革路，至舒夫山区，集中生长在六个天然林区。黎巴嫩雪松最适宜的海拔高度在1200~1850米，面向地中海的阴坡，夏季最高气温25摄氏度，冬季最低气温零下10摄氏度。

布夏拉雪松林位于海拔1990~2050米，面积102公顷，用3050米长的石墙围了起来。树高在15米以上的有372棵，35米以上的有4棵，树龄介于1500~3000年。12米高的有670棵，树龄在200年左右；余下的近千棵，高8米左右，树龄逾百年。

舒夫雪松林，分散在550平方千米的保护区内三处地片。在穆拉西阿舒夫，有棵树龄长达3000年的雪松，胸围3米。1965年栽植的雪松，已长到三四米高，显得十分茂盛；栽在山脊或面向贝卡谷地的阳坡，长势欠佳，不少树的顶枝枯萎了。因为黎巴嫩雪松喜生长在半年有雪的阴湿山坡之上。

黎巴嫩雪松树干笔直挺拔，表皮粗糙，树根极深。叶状为交叉短针叶。花分雌雄，雄花棒状，雌花呈葵花状，每年5月雪融时节开花。从开花到结籽需两年或两年以上，果实为椭圆形，在11月初降雪之前成熟。经太阳曝晒，风吹落地，在雪地里过冬，第二年春天随雪水入土发芽。

黎巴嫩雪松材质坚韧，暗红色，纹理清晰，有光泽，有香气。在雪松林中漫步，浓郁芳香扑鼻而来。然而，其木质味苦涩，具防虫防腐功效。《圣经·旧约》称黎巴嫩雪松为“桑德鲁斯”，古叙利亚语称之为“拉力克斯”，皆为“牢固”之意。

古腓尼基的崛起，成为地中海贸易的霸主，显然得益于雪松。雪松木既坚又韧，还防腐抗蛀，当是造船的上佳木材。用雪松木制成的高档商船，令腓尼基商人如虎添翼，他们不仅垄断地中海贸易，后来还将影响扩大到大西洋上的非洲西海岸，直至好望角、加那利群岛，北到不列颠岛，并在突尼斯建立了殖民国家迦太基，在马赛、威尼斯等地建的商站为其后的发展奠定了基础。

雪松贸易成为腓尼基出口的主打品牌。从亚述、巴比伦、雅典、波斯波利斯的宫殿，到雅典和所罗门神殿、古埃及法老船、古罗马的镶金箔宝座，广泛地使用黎巴嫩雪松木材。古犹太王所罗门将其宫殿正厅称之为“雪松之林”，足见雪松在犹太人宫殿、圣殿建构中的地位。尤为神奇的是，埃及1954年在胡夫金字塔前发掘的“太阳船”，就是用黎巴嫩雪松制作的，该船曾用作运送胡夫法老的木乃伊。入葬金字塔后，船被拆解成1224块，码在石坑之内，虽历经4600年，出坑时块块船木千年不朽，仍完好如初。埃及专门在原址盖起一座船形博物馆，将重新拼装的法老太阳船向游人展示。该船长43.4米，宽5.9米，翘起的船头高6米，未使用一颗金属铆钉，完全按法老时代的工艺，以棕榈绳牢牢地串连起来。

迄今仍在使用的古建筑中，确认用黎巴嫩雪松顶梁架拱的还有耶路撒冷圣墓教堂、伯利恒的圣诞教堂和苏尔大教堂。

雪松身上还有宝。除作上乘建筑材料外，还广泛药用。埃及法老进口大量的雪松松香，用于尸体防腐、制作木乃伊。犹太先知摩西命令僧侣用雪松树皮消毒，治疗麻风病。

千百年来，黎巴嫩的自然环境发生了巨大变化，人类的活动加剧了生态的恶化，现在整个黎巴嫩只有35万棵雪松存量了。20世纪90年代，中部山区塔努林区爆发了虫灾，殃及五万多棵雪松树。这种害虫专食雪松的芽孢，其成虫如蜜蜂大小，5月末在树芽上产卵育虫，幼虫吃足长大后钻进树下，在土中蛰伏三年。面对虫害猖獗，林场接连数年以飞机洒药，虫害基本得到控制。

1998年，北部布夏拉的雪松林被列入世界自然文化遗产名录。最大的一棵，也是黎巴嫩国旗、国徽的原型，其分叉的主干和伞盖形树冠，历经岁月沧桑，尽显雍容华贵，是当之无愧的国树代表。遗憾的是，如今，在它的近旁布满了小吃店和旅游纪念品商店，“亲密”得让三千年的老树喘不过气来。这恐怕也是全人类应该思考的严峻课题：人类对大自然的挤占豪夺，其实是在断绝自身的生存之根。

黎巴嫩的标志——千年雪松

第十节　玻璃的发明者

腓尼基人对人类文明的贡献，不仅是商贸、建筑和文字，而且还发明了玻璃制造术。

这是三千年前在腓尼基的一个偶然的发现。当人们用硝石与海滩的石英沙混合修炉灶，在高温之下，这两种物质熔成清澈的液体，冷却后成了透明的固体，这就是玻璃的诞生。两千年前，腓尼基人又发明了玻璃吹制术和模具吹制术，用铜管蘸上玻璃溶液，可吹出大小不一、形状各异的瓶子。罗马人学去了这项技术，并将它传遍整个欧洲地区。到13世纪，威尼斯已成为西方玻璃制造中心。

自古以来，人类为了显示对神祇的虔诚，往往将最稀有最美好的物品奉献给神灵。所以，最初的玻璃制品，大多与宗教祈祷仪式相关。数量居多的是各式各样的玻璃香水瓶。在敬神之外，广为帝王嫔妃、达官贵妇和商贾妻女所珍爱和收藏。王公贵族到另一个世界之时，要根据财力、地位，陪葬数目不等的香水瓶。现保存在欧洲、西亚博物馆的绝大部分香水瓶，是从古墓中发掘出来的。

埃及和两河流域学到制玻璃技术后，制成玻璃器皿和装扮用的珠子。中国陕西法门寺，与佛指舍利一道出土的琉璃盘显然来自西域。

近五百年来，玻璃新品种新制品如雨后春笋，不断涌现出来。16世纪，威尼斯人发明了玻璃镜子；英国人发明了人造水晶（含铅玻璃）；瑞士人用搅拌法生产各种光学玻璃；17世纪初，荷兰人发明了望远镜；18、19世纪英国、法国人发明了显微镜。玻璃还被广泛应用到气压计、温度计和试验器皿，以及各种遮挡、防护用品和照相、摄影器材，从而大大地推动物理学、化学、生物学、地质学的发展，促进了人类文明与进步。

当你参观黎巴嫩的天主教堂，望着镶嵌着五颜六色的钠钨彩色玻璃窗时，你一定会感喟“水不在深，有龙则灵”，弹丸小国腓尼基的一项发明，竟然对整个人类世界的影响如此之深，如此之广。

第十一节　繁荣的奥秘

黎巴嫩在20世纪60年代末、70年代初，曾被誉为“中东的瑞士”，贝鲁特被称作“东方的小巴黎”。如不亲临其地、亲睹其盛，人们很难想象一个蕞尔小国竟然头顶两项桂冠。豪华的酒店鳞次栉比，金色的沙滩挤满了外国游客，近乎免税的各种新商品蜂拥而入，海湾石油老财竞相在山区建别墅，繁忙的贝鲁特国际机场平均每5分钟起降一架客机，盛夏避暑的人们到凌晨一两点还不肯散去。从中东第一夜总会——赌城到阿莱的咖啡馆，闪烁夺目的霓虹灯、觥筹交错的热闹场面，劲抖腰臀的东方舞女，川流不息的高档轿车，惟妙惟肖地勾画了这座东方不夜城的魅力与繁华。出版中心、情报中心、金融中心、转口中心、空运中心……一股脑儿地叠加到贝鲁特的身上，令世人艳羡。

其繁荣的奥妙何在，说来也简单——人才、区位与时势。

黎巴嫩是中东地区受教育水平最高的国家之一，只有300多万人口却拥有40多所大学。擅长经商的传统基因溶化在黎巴嫩人的血液中，散布五湖四海的黎侨搭建了一张密实的商业网，自由市场的理念最大限度地调动了个人积极性。

黎巴嫩的区位优势也是举世罕见的，区区一万平方千米，有山有水有平川，从海平面到3384米峯顶的各种气候带兼备；地处地中海东岸，成为广袤腹地的出海口，也是南欧、外高加索通向阿拉伯半岛乃至非洲的大陆桥。

另一个重要因素就是中东的时局。埃及实行国有化后，许多私人资本逃到黎巴嫩。十月战争后石油大提价，波斯湾国家的石油收益急剧膨胀，大量石油美元流进黎巴嫩的银行，富裕起来的海湾人将黎巴嫩看做最便捷的消费休闲之地。当时，中东的绝大多数国家还未意识到旅游业的巨大效益，黎巴嫩的旅游业几乎一枝独秀，每年接待的游客几乎相当于黎总人口数的一半。

然而，促进黎巴嫩第三产业空前繁荣的主要因素，是1967年的“六·五”战争。战争导致海上交通要道苏伊士运河长期关闭，以色列的海港又不对阿拉伯国家开放，波斯湾国家所需要的巨量西方商品，只能通过贝鲁特港，经陆路转运。科威特进口商品的70%是经贝鲁特港转口。伊拉克从贝鲁特港转口的商品额年均200亿美元。当时的贝鲁特港拥挤不堪，每天平均有120艘货船泊在港外待卸，与21世纪初每天平均只有五六艘待卸货船形成鲜明对照。

中国的船代理岗杜尔先生，是位有情有义的商人，他曾在战火中为中国使馆从海港抢运粮食，并派车和自己的专职司机护送大部分馆员撤离。战前，他的事业如日中天，聘请了四个能干的副手仍忙不过来；当我25年后重返贝鲁特时，他只有一个副手一直留了下来，却乏事可为。据前总理拉希德·索勒

贝鲁特海港

赫介绍，希腊新任大使拜会他时不无感慨地说，想当年，希腊只有两辆豪华轿车——凯迪拉克，一是总统专车，二是礼宾局用车，而黎巴嫩用于出租的凯迪拉克就有200辆之多。

除此之外，黎巴嫩宽松的社会环境，特别是“小政府、大市场”的机制，使人才、区位和时势有机地结合起来，产生了1+1>1的效果。黎巴嫩还一直实行外汇自由买卖的政策，所以也是我国当初为数不多的实行现汇贸易的伙伴国之一。由于黎巴嫩战前的转口贸易、金融业、旅游业齐头并进，令黎巴嫩镑十分坚挺，曾一度达到2.5黎镑可兑换1美元。黎巴嫩的各行各业都有各自的行业协会，行业协会的自治、自律、自保功能卓有成效。在对外工商经贸领域，最大的行会是贝鲁特和黎巴嫩山区商业、工业、农业联合会，建于1896年，有上百年历史，统一协调对政府、对各机构及对外相关事务，有力地推动着黎巴嫩与世界的经贸合作。

第四章　对外关系

第一节　巴勒斯坦与以色列较量的战场

黎巴嫩南部与以色列有72千米的共同边界，1948年以色列成立的第二天，黎巴嫩参与了阿拉伯和以色列之间的第一次中东战争，于1949年3月23日与以色列签订了停战协定。第一次中东战争大批巴勒斯坦难民逃到黎巴嫩，分散在全国15个难民营中。巴勒斯坦解放组织1965年开展武装反以斗争后，巴难民营成为培训和袭击以色列的基地。1968年5月，以色列为迫使黎巴嫩政府控制巴勒斯坦解放组织，轰炸了贝鲁特国际机场。在阿盟调停下，1969年11月黎巴嫩政府与巴勒斯坦解放组织解签署了《开罗协议》，规范了黎巴关系和巴勒斯坦解放组织在黎的活动范围。

1970年约旦发生“九月事件”后，巴解组织及其武装逐步迁至黎巴嫩，总部设在贝鲁特南区。从此，巴勒斯坦武装不时从黎巴嫩境内袭击以色列。

1978年3月，以色列借口对巴勒斯坦游击队报复，占领了利塔尼河以南地区。安理会通过425号决议，决定向黎巴嫩派出“联合国驻黎巴嫩临时部队”，确保以色列撤军、帮助黎巴嫩政府恢复它在南部地区的主权。4月中旬以色列军队开始撤出。黎巴嫩议会通过决议：停止巴勒斯坦人或非巴勒斯坦人在黎巴嫩领土上的武装活动，禁止任何武装存在，重建黎巴嫩政府军。

黎巴嫩各派对议会的决议有不同解释，基督教马龙派政党认为，决议明确规定取消巴勒斯坦游击队在黎巴嫩南部的武装；而穆斯林的社会进步党等则认为，该决议并未要求废除黎巴嫩与巴勒斯坦之间于1969年达成的《开罗协议》。而以色列军队撤离前，在黎巴嫩南部扶持原黎巴嫩马龙派退役军官哈达德组织“南黎军”，将撤出的500多平方千米的区域交给哈达德，成立“独立的自由黎巴嫩国”。1982年6月6日，以色列借口其驻英国大使遇刺，再次入侵黎巴嫩。仅6天之内就攻占了黎巴嫩1/4国土，曾一度攻入贝鲁特，攻陷了巴勒斯坦在黎巴嫩的大部分基地。8月19日，在美国里根总统特使哈比卜的斡旋下，黎巴嫩、巴勒斯坦、以色列三方达成协议，接受哈比卜的方案：巴勒斯坦武装力量和叙利亚军队撤出贝鲁特西区；由美国、法国和意大利派兵组成多国部队进驻贝鲁特。嗣后，巴解游击队全部撤出贝鲁特，由法国派船转移到突尼斯、利比亚、也门等8个阿拉伯国家。9月18日，得到以色列支持的黎巴嫩基督教民兵在以色列军队配合下，对贝鲁特南郊的夏蒂拉和萨布拉两难民营实施大屠杀，千余巴勒斯坦无辜难民遭杀害。1983年5月17日，黎巴嫩总统阿明·杰马耶勒为首的黎政府与以色列签署了《黎以撤军协议》，阐明黎巴嫩同意以色列在黎南部建立“安全区”，接纳以色列扶植的哈达德为“安全区”部队副司令，同意以色列军官参加“安全区”治安工作。这意味着黎以结束“战争状态”，实现了事实上的关系正常化。结果遭到黎巴嫩伊斯兰教社团和叙利亚的反对，美法多国部队在分别遭汽车炸弹袭击后先后撤走，阿明总统不得不改变初衷，1984年3月5日宣布废除《黎以撤军协议》。

1985年6月以色列从南部撤军时宣布，在南黎边境地区建立宽12千米、面积850平方千米的“安全区”，由以色列军队和南黎军共同驻防。区内人口20万。以色列负责培训南黎军军事人员，提供军事装备。

随着巴勒斯坦解放组织武装陆续返回和真主党民兵的壮大，以色列与巴勒斯坦解放组织、阿迈勒运动与真主党、巴勒斯坦解放组织之间的冲突不断，最令以色列头痛的是依托当地什叶派百姓的真主党民兵组织。1996年4月，以色列佩雷斯看守政府发动“愤怒的葡萄”军事行动，对黎巴嫩南部“安全区”，甚至贝鲁特的真主党目标发动规模空前的军事打击，造成严重的生命财产损失，40多万黎巴嫩当地居民逃离家园。在联合国等斡旋下，以色列与真主党实现停火，就此专门成立了停火监督委员会。内塔尼亚胡为首的利库德集团上台后，以色列与真主党冲突重启，真主党不断地袭击“安全区”，使以色列损失惨重。以色列国内要求将以色列军队撤回并与黎巴嫩缔结和约的呼声高涨。1999年7月巴拉克为首的工党上台伊始就宣布一年内撤军。2000年5月24日，以色列军一夜之间单方面撤离“安全区”，从而结束以色列对黎巴嫩南部长达22年的占领。对此，真主党高调宣布武装抵抗的胜利，其在黎巴嫩乃至阿拉伯世界声望随之大振。

2006年7月，真主党以支持巴勒斯坦哈马斯为由，袭击了以色列军车，击毙8人，击伤29人，俘虏2人。以色列作出超常反应，轰炸贝鲁特国际机场、电站、油库，以及通向黎南和大马士革的道路桥梁，导致上千无辜平民死亡。真主党的设施虽受重创，但在黎巴嫩政坛和阿拉伯世界的地位上升。以色列两艘军舰和上百辆装甲车、坦克被击中或击毁，北部上百万居民逃难，消灭真主党的目标并未实现，以色列总理和参谋长都承认“失误”，翌年年初，以参谋长引咎辞职。安理会通过1701号决议，决定将驻黎巴嫩联合国部队扩增至1500人，由法国和意大利轮流主导。

如今，以色列与巴勒斯坦之间的斗争远没有结束，在这种情势下，虽然黎巴嫩曾多次尝试与以巴争端脱钩，其实是不可能的，因为巴勒斯坦问题与阿拉伯世界、伊斯兰世界是无从切割的。只要巴勒斯坦问题不解决，黎巴嫩就难以远离纷争，它同以色列的关系就很难正常化。

第二节　伊朗输出革命的重点

黎巴嫩成为伊朗1979年伊斯兰革命成功后向外输出革命的一个重点。伊朗领袖霍梅尼曾强调指出，伊斯兰革命胜利即意味着它的使命及其价值的输出，就是推动和复兴伊斯兰国家。而黎巴嫩同时具备伊朗输出革命的诸多条件：黎巴嫩的什叶派人口已由独立初期的第三位上升到第一位，什叶派居民大多生活在南部和东部相对偏僻落后的地区；巴勒斯坦问题肇始了黎巴嫩、以色列冲突，以色列不时入侵黎巴嫩，什叶派首当其冲，造就了什叶派抵抗组织，先是阿迈勒运动，后是真主党。加之，叙利亚在两伊战争中坚定地站在伊朗一边，成为伊朗的盟友，叙利亚理所当然地为伊朗进入黎巴嫩大开绿灯。

在黎伊关系中，有一个非常重要的人物穆萨·萨达尔。他1928年生于库姆圣城，其祖父和父亲均为什叶派的宗教权威。他在库姆师从霍梅尼等，是伊朗现领袖哈梅内伊的同窗。他从德黑兰大学毕业后返回库姆，以聪颖、博学和高个头而令人瞩目，在年轻的教士中脱颖而出。1954年到伊拉克纳杰夫深造四年后，库姆的大阿亚图拉布鲁杰迪和纳杰夫的大阿亚图拉哈基姆责成他赴黎巴嫩。1959年他来到黎巴嫩，并很快在黎巴嫩什叶派青年中扎下了根，1969年创建了“伊斯兰什叶派最高委员会”，成为黎巴嫩什叶派的监护机构，得到黎政府的认可。1975年爆发内战，他领导“被剥夺权利者运动”，后更名为“黎巴嫩抵抗军团”，缩写为“阿迈勒运动”。穆萨·萨达尔成为集政治、教派与武装于一身的什叶派领袖。他于1978年8月访问利比亚后失踪。阿迈勒则由舍姆斯丁长老任主席，由后来任议长的侯赛尼任总书记，律师纳比赫·贝里

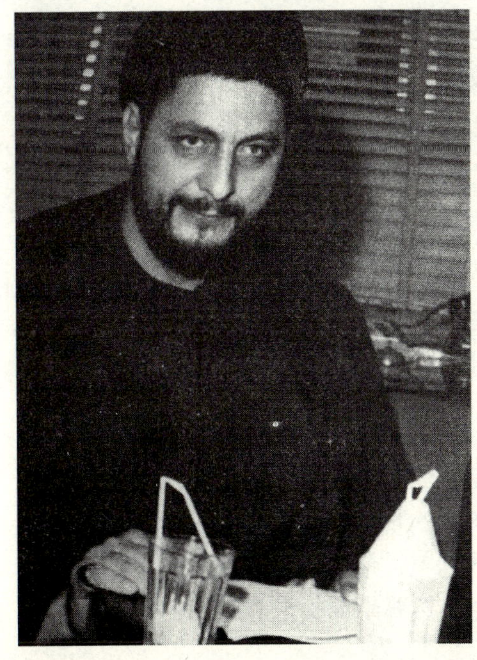

什叶派领袖穆萨·萨达尔

任军事负责人，但不久主席一职为贝里取而代之。

1982年以色列入侵黎巴嫩，什叶派损失惨重并内部出现分裂，激进派从阿迈勒分出成立“伊斯兰阿迈勒运动”，在伊朗的推动下，与“伊斯兰抵抗运动”、“伊斯兰大学生联盟”等合并成“真主党”。伊朗还派来数百名革命卫队成员到黎巴嫩培训真主党民兵，并一直提供武器装备和财政援助。伊朗伊斯兰共和国第一任国防部长穆斯塔法·恰姆兰曾为派往黎巴嫩的革命卫队的领导成员，亲自参与抵抗以色列的战斗，不少的卫队官兵伤亡。为加强与伊朗的协调，真主党在德黑兰开设常驻办事处。

阿迈勒和真主党的主要分歧在于，阿迈勒主张完成萨达尔的计划，从反对派过渡到与黎巴嫩实体结合起来，以政党身份参与执政；真主党几乎全盘接受伊朗的方针，与以色列不共戴天、毫不妥协，坚持抵抗以色列的占领，不与西方及阿拉伯国家在此原则问题上做交易。真主党坚称黎、叙之间的谢巴农场、加吉尔村北半部和黎、以之间的舒巴村是黎巴嫩领土，只要以色列不撤出去，就不放下武器，坚持抵抗到底。

2006年7月12日，以色列以真主党民兵劫持以军两名士兵为由，狂轰滥炸33天。伊朗向黎巴嫩及真主党提供10亿美元援助，先期供给真主党1.5亿美元，用于补偿被炸民居。伊朗领袖哈梅内伊致函真主党总书记纳斯鲁拉称：“那么史无前例的圣战和坚定不移的斗志，让我无以言表。这是一场神圣的胜利，是伊斯兰的胜利。你们在真主的佑护下足以证明，军事优势并非体现在士兵数量及飞机、战舰和坦克上。”同时，真主党也改变了不参政的政策，在黎巴嫩大选中获胜并进入内阁。尽管如此，真主党依然尊崇霍梅尼和哈梅内伊为精神领袖。走进真主党在贝鲁特南区的总部所在地，十字路口树有霍梅尼剪影立像，沿街两侧电线杆柱上悬挂霍梅尼、哈梅内伊头像，一些机构门前悬挂伊朗国旗，甚至斋月起止也以伊朗宣布的为准，凸现他们效忠的是宗教精神领袖。

真主党认为它是伊朗之外硕果仅存的合乎纯正的伊斯兰教规的堡垒。纳斯鲁拉2005年8月初访问伊朗时称，领袖的话句句都是真主党的箴言。领袖哈梅内伊则赞许纳斯鲁拉“文武双全，是伊斯兰世界的骄傲，加强真主党的地位是伊朗的战略”。伊朗总统艾哈迈德—内贾德称，真主党处于伊斯兰世界的前线，是伊斯兰正宗思想在黎巴嫩的体现。

伊朗与美国、伊拉克萨达姆政权的较量时而在黎巴嫩上演。两伊在贝鲁特“白沙滩”区海滨的大使馆舍先后被汽车炸弹炸毁。1982年10月23日，驻贝鲁特美国海军陆战队官兵宿舍在汽车炸弹爆炸中坍塌，死亡241人，美将其归罪于伊朗革命卫队的指令。但美又请伊朗干预释放美国在黎巴嫩的人质，同时向两伊战争中的伊朗秘密提供武器。

1982年7月，伊朗的四名外交官被“黎巴嫩力量”绑架，“黎巴嫩力量”前司令贾加称，这四名外交官被时任司令胡贝卡下令杀掉，但伊朗质疑这四人被转交给以色列，迄今仍活在世上。

客观上看，伊朗在黎巴嫩与美国、伊拉克以及以色列的争夺中，伊朗笑到了最后。迄今为止，唯有两大什叶派组织——阿迈勒和真主党保留武装，且真主党实力有增无减，伊朗的影响水涨船高。所以，伊朗大使举行的国庆招待会是驻黎外交使团中规格最高者之一。1/4的黎巴嫩议员和约半数内阁成员到场并非鲜见。

第三节　最重要的黎、叙双边关系

无论从血缘、地缘的角度，还是从历史渊源来看，与叙利亚的关系都是黎巴嫩最重要的对外关系。

历史上，黎巴嫩与叙利亚同为奥斯曼帝国的一个行省，统归大马士革行省管辖。奥斯曼帝国垮台后，又同受法国托管，总督府设在贝鲁特的松树宫。法国推动成立以马龙派为主的基督教主导的“大黎巴嫩”时，黎巴嫩使用的货币是叙利亚镑，特利波里市、贝鲁特市、赛达市和苏尔市仍在大马士革行省范围内，“大黎巴嫩”与赛达市的通信地址写的是叙利亚赛达市，邮资5叙分。1943年黎巴嫩独立时，又将穆斯林为主的特利波里市等划归于黎巴嫩版图。

许多黎巴嫩家族祖籍叙利亚，如琼布拉特家族从叙利亚迁来，前驻美国、英国、埃及大使纳迪姆的家族姓大马士革，是两百多年前从大马士革移来的。至于黎叙通婚更为普遍，如独立时的总理里亚德·索勒赫、曾任五届总理的阿卜杜拉·雅菲等，均娶叙利亚人为妻。

黎巴嫩的自由市场经济，即是叙利亚通向世界的一个重要窗口，也是叙利亚硬通货的一个重要来路，还是叙利亚劳务输出和商品特别是农产品销售的重要市场。

以色列国的建立，令黎巴嫩和叙利亚共同面临一个新的问题。巴勒斯坦难民的涌入和巴勒斯坦解放组织自约旦迁入黎巴嫩，相当一部分援助巴勒斯坦抵抗运动的人员和装备，是通过黎叙边境进入的。黎巴嫩毗邻叙利亚和以色列，作为阿拉伯联盟七个创始国之一，中东的几次战争，黎巴嫩或多或少都被牵扯进去。1975年3月，基督教的长枪党武装袭击了一辆巴勒斯坦抵抗组织成员乘坐的汽车，引爆了长达16年的内战，叙利亚深深地卷了进去。

1976年5月，在阿拉伯联盟的协调下，叙利亚、也门、阿联酋、阿曼、苏丹等阿拉伯国家组成“阿拉伯威慑部队”进入黎巴嫩监督停火、维持秩序。后来，内战愈演愈烈，其他国家都撤走了部队，只有叙利亚3.5万部队继续留驻黎巴嫩。黎巴嫩内战后期，沙特、摩洛哥、阿尔及利亚三国受阿盟特别首脑会议委托，于1989年组成三方委员会调解黎巴嫩内部冲突。10月22日，在沙特的塔伊夫召开黎巴嫩各派议员参加的会议，最终达成和解文件《塔伊夫协议》。协议规定，承认叙、黎之间存在“特殊关系”；叙军承诺在两年之内帮助黎巴嫩恢复主权，并在黎巴嫩选举总统、成立民族和解政府后撤至贝卡谷地；此后，驻黎巴嫩的叙军人数和期限将由两国政府商定。

由于以色列军队占领黎巴嫩南部边境地区等因素，《塔伊夫协议》关于叙军的安排未得到实施。马龙派大主教索菲尔召开主教会议并发表声明，要求叙利亚执行安理会520号决议和《塔伊夫协议》，重新部署叙军以最终撤出黎巴嫩，从而避免黎巴嫩解体和消亡。时任总统拉胡德则认为，将责任归咎于叙利亚是不合情理的，不能无视以色列对黎巴嫩犯下的罪行。社会进步党主席瓦利德·琼布拉特则强调，黎叙关系十分重要，没有叙利亚发挥作用，黎巴嫩的处境会很危险，但叙军应重新安排，继续滞留在黎巴嫩已无必要。

1990年黎巴嫩内战结束后，叙利亚在黎巴嫩的影响进一步扩大。1991年两国签订了《兄弟关系合作与协调条约》和《安全与防务条约》，确定两国之间进行最高级和最全面的协作，

哈里里总理与叙利亚总理签合作协议

从而以正式条约的形式确定了黎叙两国的特殊关系。这一特殊关系体现在政治、军事、外交等各个方面。2004年，美国、法国等国家推动安理会通过1559号决议，要求叙利亚从黎巴嫩撤回全部驻军。2005年2月，黎巴嫩前总理哈里里遇汽车炸弹袭击身亡，美国等以此指责叙利亚，黎巴嫩国内爆发“雪松革命”，叙利亚于4月30日将其全部驻军撤出。

2008年8月，黎巴嫩总统苏莱曼对叙利亚进行了国事访问。13日，黎巴嫩两国元首宣布建立大使级外交关系，实现双边关系的历史性突破。10月两国元首分别签署总统令，宣布正式建交并互设使馆、派驻大使，由此掀开了黎叙关系全新的一页。

第四节 与法国的独特关系

1999年7月14日，法国驻黎巴嫩大使丹亚尔·居努在松树宫举行的国庆招待会上宣称，松树宫是法黎友谊的象征。1942年时任自由法兰西军司令的戴高乐将军，就是在这座松树宫宣布，黎巴嫩可以依靠法国的坚定支持，实现其独立与复兴。

这座松树宫位于贝鲁特西区，黎巴嫩内战期间严重受损，法国花费了上千万美元重新修葺，大使于1998年方搬入官邸办公。它富丽堂皇，典型的法式建筑，宽敞的拱门，拱门上方及周边拱窗饰以彩色玻璃。高大的客厅足有四层楼高。立柱精雕细刻，华贵的枝形吊灯，悬挂顶棚之处以翡翠色叶片装饰。山墙下装设一座巨大壁炉，墙面、窗帘和桌椅皆以米黄为主色调，和谐雅致。“一战”之后，这儿曾是法国总督府委任统治的中心。1920年9月“大黎巴嫩”就是在这里宣布建立的。“二战”期间，这里曾是自由法兰西军的驻地，戴高乐将军曾于1940年至1942年居于此处。

每逢法国国庆招待会，松树宫院内人山人海。黎巴嫩前总统赫卢虽多年靠轮椅出行，但每场法国招待会必到；现任总统不便出席，则委派夫人到场祝贺。前总理哈里里也是这儿的常客。他与希拉克私交甚笃，希拉克1995年就任总统后两年之内三度访黎，法黎关系快速增进。1996年，以色列佩雷斯任总理时，对黎巴嫩南部发动代号为“愤怒的葡萄”战争，经法国斡旋，促成美、法、黎、以四方谅解委员会的建立。法向黎提供大宗援助，1/3为馈赠；若按人口计算，黎是法援最大受惠国，而半数以上的援助，是在哈里里任总理期间进行的。哈里里2000年10月第三次组阁后，四个月内两度访法。由希拉克做东，促成巴黎国际援黎会议，支持黎巴嫩财政，推进私有化进程。哈里里遇刺后，法国在促使安理会通过成立哈里里案国际法庭的决议以及叙利亚与黎巴嫩建交等重大问题上，发挥了重要作用。据报道，法国前总统希拉克迄今仍居住在哈里里在巴黎的别墅里，这不足为怪。

法国与黎关系年深日久，早在奥斯曼帝国时期，法国就不止一次出面干涉，保护黎巴嫩马龙派等基督教民的权益；黎巴嫩作为一个国家独立存在，法国起了关键性作用。只是到了黎巴嫩真的走向独立，打乱了法国委任统治当局的算盘时，遂将争取独立的先驱者们，在独立之前软禁在老头山麓的拉希亚城堡，达11之久。他们是首任总统巴夏拉·户利、总理里亚德·索勒哈、外交部长萨利姆·塔格拉和内政部长卡米勒·夏蒙等。

黎巴嫩相当看重法国文化，自17世纪法国传教士来黎建第一所教会学校开始，法语一直是黎巴嫩的第一外语。创办于1881的圣约瑟大学一直用法语授课，法国托管期间，进一步强化了法语和法国文化教育，其法学院曾更名为巴黎东正教学院。除圣约瑟大学外，其他大学也与法国教育部建立不同形式的合作关系。法国大使馆在黎巴嫩各地设了20多个文化中心，黎教育部下属的6个高级中学和分散在全国各地的19个普通学校，专由法国文化中心管理并教授法文课。黎巴嫩人口中有40%精通法文，受过高中及以上教育的，法文与阿拉伯文、英文一样是必修课。迄今，路标、政府机构以及公共服务机构，往往是阿、法双语并用。至于定居黎巴嫩的黎法双重国籍公民在21世纪初就超过1300人，每年都要在腓尼西亚饭店举行大型聚餐活动，法国大使出席并作演讲。马龙派贝鲁教区主教马塔尔每年2月中旬要举行盛宴款待法国大使，原由是法国总督曾于1934年出席了希克迈（睿智）教会学校新校舍启用仪式。法国前议长、总理、外长德维尔潘作为外长1999年11月访黎时，黎巴嫩方面出席其招待会的规格之高、到场官员之多，是十分罕见的。时任内阁的1/3部长、众多议员及前议长、前总理、前外长一应光临。

黎巴嫩作为中东唯一的法语国家，几乎总是高规格出席法语国家国际会议，并在2001年主办了有52个国家参加的法语国家首脑会议。一位娶法国人为妻的黎巴嫩友人认为，法国的殖民统治者注重文化交流，往往令殖民地对法国产生好感，这一点与英、美明显不同。

此外，法国还借助欧盟等欧洲平台，参与对黎的维和和财政技术方面的援助，以继续维护并扩大其在黎巴嫩的传统影响。

第五节　美国在黎一再碰壁

按理说，美国对黎巴嫩的影响是巨大的，黎巴嫩第一所现代大学是1866年建在贝鲁特的美国大学，它在整个中东地区都颇负盛名。由美国传教士1835年创立的美国女子学校，1994年更名为黎巴嫩美国大学。在美国，几乎所有的阿拉伯裔议员都来自黎巴嫩，黎裔移民占阿拉伯移民56%，担任美政府部长、参谋长者也不乏其人。然而，自黎巴嫩独立以来，美国每次对黎巴嫩的干预几乎都以失败告终，美国驻黎巴嫩机构往往成为袭击的目标，以至黎巴嫩成为美国人最不敢去的地方之一。

美国主谋的巴格达条约组织在中东和阿拉伯国家陷于孤立后，又于1957年提出"艾森豪威尔主义"，即由国会授权总统在中东实行"军事援助和合作计划"，拨款向中东国家提供"经援"，在中东动用美国武装部队对付"共产主义侵略"。黎巴嫩第二任总统夏蒙接受了艾森豪威尔主义，在伊拉克革命爆发后，美军以"保护侨民"名义在贝鲁特登陆。黎巴嫩的伊斯兰社团强烈反对，前总理萨拉姆、卡拉米和社会进步党主席琼卜拉特等，纷纷揭竿而起，带领民兵同美军对抗，美军迫不得已撤了出去。

1982年8月，由美国、法国、意大利军队组成多国部队进驻贝鲁特。1983年11月23日清晨，美、法军驻地相继遭汽车炸弹袭击，死亡294名官兵，其中美方241名。据报道，当时兵营里除卫兵和厨师之外都在睡梦之中，一辆大型奔驰牌载重卡车以送货的名义进入美军驻地，在门岗处司机微笑着向警卫打了个招呼后，开足油门向这座四层楼的裂缝（不久前以色列军队攻占贝鲁特时留下的）猛冲过去，巨大的爆炸令整座楼顷刻坍塌。停泊在地中海的美军舰只毫无目标地向阿莱镇一带开炮"报复"，炸毁了许多民房。美、法、意组成的多国部队无功而返。在阿明·杰马耶勒总统无奈废除1983年同以色列签署的"五·一七协议"后，美国又对黎巴嫩进行隐性经济制裁。

其实，黎巴嫩内战以来，美国大使馆及美外交官就成了武装袭击的目标。内战初期，位于贝鲁特中心区海边的美国大使馆遭"送菜车"袭击，副大使受伤。1983年4月18日，该馆再次被炸，死63人，其中17名美国人，包括正在培训间谍的中央情报局中东情报站负责人、高级情报分析师罗伯特·伊姆兹。随后，美国将大使馆迁到贝鲁特北郊的瓦克尔坡地上，依然未摆脱挨炸。最后只得采取更严格的安保措施，雇了400名保安人员，临街的围墙用3米高的铁板屏蔽，加之装甲车、岗哨将馆舍围成铁桶一般。要进去拜会美国外交官，必须在两道关起来的大铁门之间换乘美馆汽车，再经过数道路障和安全门。

美国大使巴特尔在会见我时告，黎巴嫩内战以来截至2001年，在黎巴嫩被杀的美国人逾450个，其前任就是在拜会黎总统后回来的路上遭绑架被杀害的。自此，美国驻黎巴嫩大使配有30位保镖，凡出席外交活动，大使身后一两米处都站有保持高度警惕的海军陆战队武装保镖。美国大使举行的国庆招待会，与会者需经过四道安检方可入内；即使外国使节，保安人员也要将其脑袋伸进使节座车审视一番。几道检查下来，往往要耗费数十分钟。有的使节不堪苦等，索性掉头回府。迎接来宾的美国外交官的排列也非同寻常，站在主位的往往不是馆长大使，而是副大使或武官，大使则排在队尾，看来这种安排也为防范万一。美国大使参加外交部组织的外地参观活动也与其他使节有别，大家都共乘外交部提供的大巴，唯美国大使自乘防弹车，前后各有一辆满载武装保安人员的大吉普车护卫。比起我们的外交官尽可自由自在地走遍黎巴嫩，超级大国的使节却处处设防、畏首畏尾，令人顿生怜悯之情。

如果说黎巴嫩人都与美国对立，那显然是一种误解。黎巴嫩的基督教徒和穆斯林在对美态度方面，总体上是有差别的。“9 · 11”事件后，马龙派大主教索菲尔专诚邀请新任美国大使出席为此事件举行的弥撒。黎巴嫩的希腊东正教徒、资深议员艾尔伯特 · 穆赫贝尔则呼吁所有黎巴嫩人都应站在美国一边，称美国是世界的“灯塔”，在各个领域都作出了“贡献”，并将继续为人类谋利益。而就在2001年8月30日，逊尼派的共和国大穆夫蒂穆罕默德·卡巴尼指称：“美国是世界恐怖主义和种族主义的鼻祖，它将像苏联一样从内部崩溃。到该垮台的时候，科技和导弹都不再起作用了。”

美国2001年10月向阿富汗发动战争的同时，将黎巴嫩真主党列入22个“恐怖主义组织”名单之中，美国国务院再度要求黎巴嫩政府冻结真主党的账户。特别是出兵推翻伊拉克萨达姆政权后，对黎巴嫩的重视程度上升，支持黎巴嫩反叙利亚派发动“雪松革命”，组成亲西方政府；并支持建立前总理哈里里遇害案国际法庭，迫叙利亚自黎巴嫩撤出军队。在美国的推动下，近年来世界银行、国际货币基金组织等国际金融机构相继在黎巴嫩设立地区办事处，并积极支持黎巴嫩进行财政改革。美国近年对黎巴嫩的重建援助比较慷慨，提供的军事援助逐年增多。2009年黎巴嫩多数派获得大选胜利后，美国曾期待其组成清一色的多数派政府，由于反对派的掣肘，美国最终认可双方组成民族团结政府。

第六节　黎看重对俄关系

黎巴嫩一直重视同苏联和俄罗斯的关系，独立初期就与苏联建交，1954年签订第一个贸易协定。

1969年苏联情报人员策反黎巴嫩空军的一名驾驶员，欲将一架法国制造的“幻影”战斗机开往苏联，但在最后一刻被黎巴嫩情报局识破而未遂。翌年，黎巴嫩经贸部长和国防部长先后应邀访苏，分别签订了新的贸易协定和购买苏制武器装备协定，两国关系得以修复。

苏联在黎巴嫩拥有教产，归俄罗斯东正教所有，其中一部分为苏联使馆使用。

黎巴嫩共产党1924年成立以来，一直同苏共保持密切联系，并得到苏联多方资助，成为黎巴嫩政治中一支有活力的力量，对保障普通劳工者权益发挥了影响。苏联的解体对黎共打击较大。

苏联特别重视对黎巴嫩青年的工作，先后为黎巴嫩培养了6000多名学生，其中娶苏联姑娘为妻的就有300人左右。

苏联解体后，俄罗斯对黎巴嫩的重视程度下降，但是黎巴嫩仍看重俄罗斯的大国作用，俄罗斯作为安理会常任理事国，中东问题四方协调机制成员之一，支持《塔伊夫协议》和联合国安理会关于以色列从南黎撤军的425号决议。

不幸的是，黎俄关系刚进入新的世纪，又发生了一场风波。起因是一个名为艾哈迈德·阿布·哈鲁卜的巴勒斯坦人，于2000年1月3日下午，背着便携式火箭发射筒，从南方的巴勒斯坦难民营来到俄罗斯大使馆所在地，向馆舍发射了几枚火箭弹，其动机是为车臣的死难者报仇。仅仅过了3天，即1月6日，黎巴嫩总统拉胡德在胡斯总理兼外长的陪同下，在巴卜达总统府举行新年团拜会并设酒会，招待外国驻黎使节以及其他国际机构和联合国驻黎巴嫩临时部队的代表。对于这场一年一度的团拜活动，黎方极其重视。总统府典礼局和外交部礼宾司早早就发了邀请照会，现场又提前按礼宾顺序，一个一个地高声点名晋见。当使节们一一与总统握手后来到招待大厅时，不约而同地询问俄罗斯使馆怎么没人出席。大使不在，临时代办波利雅可夫该来呀。总统府马上注意到俄外交代表缺席之事，立即向外交部询查。外交部答称，两周前就向所有外交使团包括俄罗斯使馆送去请柬。于是，外交部马上向俄罗斯使馆求证。

当天下午，俄罗斯外交官安德列到外交部礼宾司解释缺席原因，称该馆业已收到请柬，由于行政秘书的疏忽，没有及时将请柬送交代办。并解释缺席之事没有任何政治动机，决非有意识抵制总统团拜会。

事情至此并未了结，总统府在第二天再度询问此事。外交部答称，俄罗斯代办坚称他本人没有收到请柬。于是，外交部又起草了一份正式照会，附上已向俄罗斯使馆发过的同样请柬，一式两份分送总统府和俄罗斯使馆。总统府坚持要弄清真相，是为了向俄罗斯强调，黎巴嫩无意搞僵黎俄双边关系。恰恰相反，黎巴嫩重视对俄关系，需要俄罗斯在国际层面给黎巴嫩以支持，尤其俄罗斯作为中东和平进程的监护国之一，黎巴嫩即将参加中东和谈，亟须俄罗斯敦促以色列按安理会425号决议撤出南黎。同时，总统府也认为，3日发生的袭击俄罗斯使馆事件，黎巴嫩负有道义上的重大责任，俄罗斯使馆已事先请求黎方对使馆馆舍和俄罗斯在黎巴嫩的利益给予保护。近来，黎巴嫩某些方面对俄罗斯用兵车臣责备声不断，黎巴嫩理应采取严密防范措施。

黎巴嫩外交部对俄罗斯使馆的解释不以为然，认为俄代办抵制团拜会显然与俄馆遭袭牵扯到一起了，是没有道理的。无论如何，3日事件发生后，黎巴嫩治安当局立即出动治安军，将损失降到最低点。为保卫使馆，牺牲了一名警员，伤了7位公民，迄今未收到俄方对死难警员家属的慰藉。反而代办在等待外交部向俄使馆表示歉意，其实总理兼外长胡斯已主动与俄罗斯代办通话，表示慰问。

俄罗斯使馆终于10日发表声明，赞赏黎巴嫩当局为制止恐怖主义分子的袭击所采取的紧急措施，对治安军士兵之亡表示沉痛，对受伤者表示同情。至于6日俄代办未出席总统府的团拜活动，系行政疏失、技术失误，不应赋予其他含义。代办本人已于当日致函拉胡德总统，对缺席这次接见深表遗憾。

这场风波到此画上了句号。

普京总统上任后，俄罗斯重新重视中东，也加大对黎巴嫩的投入，甚至宣布向黎军赠送10架“米格—29”战斗机。如今，俄罗斯是黎巴嫩主要贸易伙伴之一，也是黎巴嫩进口商品供货国之一，双边关系逐渐驶入了快车道。

第七节　与沙特等海湾国家的特殊关系

沙特是黎巴嫩的一贯支持者，1943年与叙利亚、埃及一道呼吁法国殖民当局释放黎巴嫩首任总统比沙拉·户利、总理里亚德·索勒哈及部分部长与议员，支持他们达成《国家宪章》，实现独立。

黎巴嫩首任总统比沙拉·户利

在筹建阿拉伯联盟过程中，沙、叙、埃三国关注黎巴嫩不同教派的特殊状况，在阿盟宪章中避免使用“实现阿拉伯统一”的表述，代之以“阿拉伯国家联盟”。

黎巴嫩内战期间，以色列于1982年9月入侵黎巴嫩，赶走巴勒斯坦武装，但黎巴嫩内部分歧依旧。沙特接纳黎巴嫩议员到塔伊夫举行和解会议，并于1989年9月签署了《塔伊夫协议》，宣告长达16年的内战结束。

在黎巴嫩重建过程中，沙特在基础建设、社会、教育、住房和咨询等方面提供了几十亿美元，集中建设贝鲁特中心区和受损严重的南黎巴嫩地区。资助逊尼派的慈善机构。与前总理哈里里的机构合作，资助3万多黎巴嫩学生在黎巴嫩及欧、美大学深造。

2002年5月，沙特国王法赫德在贝鲁特召开的阿拉伯首脑会议上，就和平解决巴勒斯坦问题，提出著名的“法赫德方案”，其核心是建立以东耶路撒冷为首都的独立巴勒斯坦国，巴勒斯坦与以色列相互承认。

黎巴嫩对沙特的发展也起了举足轻重的作用。在苏伊士运河封闭的岁月里，黎巴嫩成为沙特、科威特等波斯湾国家进口商品的重要通道。高素质的黎巴嫩人才成为沙特引进智力资源的渠道之一，最突出的是已故前总理哈里里，他从教师到工程财务审计师，以至身家几十亿美元的大项目承包商。

黎巴嫩与海湾国家通婚十分普遍。比较典型的是黎第一任总理里亚德·索勒赫，他有五个女儿，第三个女儿嫁给沙特塔拉勒亲王。这位塔拉勒亲王是位思想活跃、观念开放的社会活动家，他主张择优承袭王位，不应按年龄大小排队续位。其子瓦利德是沙特最成功的投资商之一，许多亲王将自己的资金交给他运作，在美国、欧洲国家特别是瑞士经营产业。据说，他本人拥有的不动产价值200多亿美元，若将他为其他亲王运作的资金加起来，总额不下六七百亿美元。

瓦利德1957年出生，拥有黎巴嫩国籍，将黎当做自己的第二故乡，每次来黎不住高级宾馆，而是下榻在他外祖父里亚德·索勒赫的老屋，他的黎巴嫩名字是瓦利德·里达·索勒赫。他在黎巴嫩投资1.4亿美元，在贝鲁特西区海边建"穆夫贝克"（Movenpick）娱乐休闲中心，占地2.2万平方米，建有快艇港、网球中心、商务中心、会务中心、新闻媒体中心，有260间客房，其中专设接待实业家和外国使节的豪华间30个，还有70个度假屋。这些设施可同时接待2000个客人，为600个黎巴嫩人提供就业机会。2007年7月初开业时，瓦利德专门将他的豪华游艇从沙特开来助兴，黎巴嫩总统、议长、副总理等众多高官显贵出席致贺。瓦利德称，这个娱乐休闲中心是黎巴嫩第一个按国际标准建立的最完备的旅游项目。他还要在贝鲁特建一座规模更大的"四季饭店"。同时，他批评哈里里政府的经济政策，主张制定5年至10年的减债计划，给投资者带来希望。哈里里总理大度而坦然地回应：对任何能在黎巴嫩进行如此规模的投资者的批评，我都不会说三道四。瓦利德还在黎巴嫩做了大量善事，不时地向黎巴嫩各慈善机构捐款。也正是他，在"9·11"事件之后，立即向纽约市捐巨款，但却遭到朱力安尼市长拒绝。

黎巴嫩因巴勒斯坦问题与以色列的冲突不断，自20世纪70年代以来，许多基础设施一而再、再而三地被以色列摧毁。每次灾难之后，沙特、科威特、阿联酋、卡塔尔、巴林、阿曼等波斯湾阿拉伯国家几乎都慷慨地伸出援助之手，或以现汇方式，或提供物资方式，还有的以在黎巴嫩中央银行存大量外汇的方式进行支援。记得1999年5月，黎巴嫩的变电站和公路桥被以色列炸毁后，沙特塔拉勒亲王慷慨解囊，不仅出资修复变电设备和桥梁，还为死伤者家属提供抚恤金。黎巴嫩也倍加珍视与这些国家的关系，总统出访、民航布线、国庆招待会出席规格等，这些国家往往处于优先地位。

首任总理里亚德·索勒哈雕像

黎巴嫩因为独特迷人的风光和地理环境，所以波斯湾的阿拉伯国家中许多有钱人在黎巴嫩购置房产，在贝鲁特郊区的山上，到处散布着海湾老财的精致别墅。每到夏季，他们成群结队地飞来黎巴嫩消闲避暑。他们出手阔绰，一掷千金，在黎巴嫩可以尽情地享受在海湾地区享受不到的别样生活，纵情地寻欢作乐。

第八节　四海为家的黎巴嫩人

黎巴嫩是海外移民比例最高的国家之一，最新估计1535万人，大致相当于国内现有人口的4倍！

究其原因，不外乎三个：国土狭小，山地居多，频发战乱，生存空间有限；而黎巴嫩人生性开放，求知欲、开拓欲极强，又善于经商运作，具有旺盛的生存力，一直保有外迁的传统；在客居国发迹的黎巴嫩人，成为本族本宗的表率，带动更多的黎巴嫩人外移。

最早的移民潮始于19世纪末，大批的基督教徒移往美国和澳大利亚。穆斯林紧随其后，主要移往非洲和拉丁美洲。德鲁兹人多移往澳大利亚。最近一次移民潮是长达16年的内战结束后，又有上百万人外移。主要是支持各派内战的国家中止了援助，鸦片生产被禁止、与以色列之间的纷争不断，政治、经济状况不稳定。外移比例最大的是马龙派，其次是亚美尼亚族群。

大批的黎巴嫩移民、侨民，为居住国带来了新鲜血液，在政治、经济、文化、技术领域的建树颇多。在美国出任参、众议员的阿拉伯人几乎都来自黎巴嫩，小布什当政时期的能源部长、商务部长、参谋长联席会议主席等高官的祖籍均是黎巴嫩。移居澳大利亚的黎巴嫩人超过30万，大批黎巴嫩人参政，有的还当上了部长。巴西众议院中1/7左右议员系黎裔。最近《福布斯》杂志公布，墨西哥人卡洛斯·萨利姆·埃卢以535亿美元的个人资产超越美国微软公司创始人比尔·盖茨，成为新的世界首富。他的父亲1902年自黎巴嫩的杰津移居墨西哥，在父亲的熏陶下，他12岁就开设了自己第一个股票账户。20世纪八九十年代两次收购，最终确立了电信巨头的地位。西班牙《时代》周刊评称，在墨西哥没有哪个消费者能够不每天向萨利姆支付几个比索。一个普通墨西哥人购买的大部分商品和服务都无法避开萨利姆拥有的包括电信公司、保险公司、银行、酒店、饭店、咖啡馆、音像店、互联网公司、汽车轮胎公司在内的200多家企业。他是手机预付费充值卡业务的发明者。他被称为“垄断之王”，财富超过墨西哥国内生产总值7%，其企业占股市市值的1/3。

而在非洲的黎巴嫩人曾垄断了中非、西非的零售业。在波斯湾的阿拉伯石油富国，黎巴嫩成为最优秀的代理人。最具代表性的就是黎巴嫩前总理哈里里，他早年在沙特时，与前国王法赫德任王储时就进行财务合作，从而获得承包机场、会议中心等大项目的机会，猛赚了几十亿美元。

中国老一代革命家人人皆知的马海德博士，原籍为黎巴嫩，他将一生献给了中国的革命事业和消灭麻风病的卫生事业。其父就是20世纪初移居美国的基督教徒。黎巴嫩前外长布维茨称，他在任7年访问了70个国家包括中国，几乎每个国家都有黎巴嫩人。他非常遗憾1996年访华时，马海德已作古，遂邀请马的遗孀苏菲和儿子周幼马访黎，权作对黎裔故人的一种安慰吧。

犹太移民也是黎巴嫩侨民的一部分，半个世纪前，黎巴嫩有四五万犹太人，经历几次战争后不断外移，现如今黎巴嫩余下的犹太人不足400人，而移出去的犹太人乡情不改，如在美国的黎裔犹太富翁萨法尔就表示，一俟黎巴嫩和以色列之间实现和平，他就返回黎巴嫩定居。

活跃在世界各国的黎巴嫩商人积聚了大量财富，有人统计仅侨资一项就逾千亿美元。这大半也是黎巴嫩经过多次战乱仍一次次重新站立起来的重要原因。

黎巴嫩非常重视侨务工作，外交部兼侨民事务部，将侨民事务单列，黎巴嫩还有专事吸引侨资的侨民银行。已建立起的联络侨民、为黎侨服务的民间机构，有“黎巴嫩人国际俱乐部”和“黎巴嫩人文化协会”等。后者1960年成立，下设欧洲、北美、南美、非洲和澳洲五个分部。此外，还有“黎巴嫩国际大学”，侧重于海外黎巴嫩人之间的文化联系。黎巴嫩政府为加强侨务工作，专门成立以总理为首的侨民机构，负责协调上述民间机构。黎巴嫩议长贝里更希望组建“黎巴嫩侨民最高委员会”，以更加有效地做好侨务工作。

对于移民，黎巴嫩国内也有不同的看法，有人认为，大批青年人移民海外是黎巴嫩面临的最大危险，有朝一日黎巴嫩将变成“空巢”，这或许是杞人之忧吧。

附件

1.建交国家一览

目前，黎巴嫩与97个国家建有外交关系，其中61个国家在黎设有大使馆：

（1）亚洲：中国、韩国、土耳其、印度、伊朗、日本、巴基斯坦、印度尼西亚、菲律宾、斯里兰卡、沙特、也门、阿联酋、科威特、约旦、卡塔尔、阿曼、伊拉克。

（2）美洲：阿根廷、巴西、加拿大、乌拉圭、美国、哥伦比亚、委内瑞拉、古巴、墨西哥、智利、玻利维亚。

（3）欧洲：德国、比利时、保加利亚、西班牙、法国、英国、希腊、意大利、波兰、罗马尼亚、奥地利、梵蒂冈、瑞士、捷克、俄罗斯、荷兰、亚美尼亚、乌克兰、匈牙利、塞尔维亚。

（4）非洲：加蓬、尼日利亚、埃及、苏丹、突尼斯、阿尔及利亚、利比亚、摩洛哥、利比里亚、埃塞俄比亚。

（5）大洋洲：澳大利亚。

至今，在黎设有名誉领事的国家有：

（1）欧洲：芬兰、葡萄牙、爱尔兰、卢森堡、马耳他、摩纳哥、西班牙、阿尔巴尼亚、拉脱维亚、德国、奥地利、阿塞拜疆、摩尔多瓦、冰岛、意大利、英国、匈牙利、克罗地亚、格鲁吉亚、荷兰、罗马尼亚、俄罗斯、斯洛伐克、圣马力诺、斯洛文尼亚、瑞典、乌克兰。

（2）亚洲：孟加拉、柬埔寨、塞浦路斯、马来西亚、尼泊尔、新加坡、泰国、吉尔吉斯斯坦、土耳其、马尔代夫、缅甸、哈萨克斯坦、印度尼西亚、约旦、土库曼斯坦。

（3）非洲：贝宁、布基纳法索、喀麦隆、佛得角、科摩罗、刚果（布）、科特迪瓦、加蓬、冈比亚、加纳、几内亚比绍、几内亚、赤道几内亚、利比里亚、马里、毛里塔尼亚、毛里求斯、尼日尔、中非、马达加斯加、塞内加尔、塞舌尔、塞拉利昂、乍得、多哥、莫桑比克、纳米比亚、乌干达、索马里、突尼斯。

（4）美洲：伯利兹、哥斯达黎加、厄瓜多尔、危地马拉、海地、洪都拉斯、牙买加、巴西、智利、圭亚那、墨西哥、苏里南、特立尼达和多巴哥、乌拉圭、委内瑞拉、秘鲁、多米尼加、萨尔瓦多、哥伦比亚。

此外，在黎设有机构或代表处的国际及地区性组织主要有：

国际组织：UNDP, UNESCO, UNICEF, WHO, FAO, UNIFIL, ESCWA, UNRWA, UNHCR, UNIDO, WORLD BANK.

地区性组织：阿盟、欧盟。

二、谢巴农场问题

谢巴农场位于贝鲁特东南145千米的谢赫山西南麓，长约25千米，宽7~10千米，面积200多平方千米，平均海拔约1700米，最高处达2500多米。该农场战略地位重要，可俯瞰黎南部其他地区、贝卡谷地、西黎山脉南支及以色列上加利利地区，并与叙利亚戈兰高地相连，最高处可看到地中海。该地区水资源丰富，不仅有谢赫山雪水融化形成的地下水，地表还有哈斯巴尼河以及巴尼亚斯河、利塔尼河、瓦赞河等约旦河支流。当地居民多从事农业和畜牧业，因此而得名“农场”。目前，以色列军实际占领的是谢巴农场的东南角地区，共有14个村庄，面积约20平方千米。

1967年6月始，以色列军分批占领了谢巴农场的14个村，并于1972年开始逐渐在该地区修建军事化观测站及定居点。以色列工党巴拉克政府上台后，为减少以军在南黎的人员损失，并实现与黎的单独媾和，以孤立叙利亚，推出了黎先行方案，即以色列从南黎撤军，直撤至1978年3月入侵黎前的两国分界线。2000年3月，随着以军从南黎撤军日期的临近，黎议长贝里率先提出谢巴农场问题，表示黎拒绝接受以的撤军方案，要求以军亦从谢巴农场撤出。以色列方面则认为，没有证据证明谢巴农场属于黎，反对将谢巴农场列入撤军范围。5月16日，叙利亚外长沙雷打电话给联合国秘书长安南，表示叙承认谢巴农场为黎领土。5月25日，以军按照联合国根据1978年3月黎以战争前的两国事实边界线划定的“蓝线”完成了撤军，随后联合国安理会1310号决议对以色列政府撤军（除了对“蓝线”的所有侵犯）表示欢迎，并要求黎政府尽快将军队部署到黎以边界线和收缴真主党的武装。

目前，黎、叙、以、联合国就谢巴农场的主权归属问题仍各执一词。黎认为以并未完全执行安理会425号决议，因为谢巴农场属黎领土，而以军迄今未撤离。为此，黎拒绝将军队部署至黎以边界线，且未收缴真主党的武装。联合国则认为从其掌握的材料看，谢巴农场应为叙领土，至于谢巴农场最后的归属，应由黎、叙两国通过签署边界协议最终解决；并认为谢巴农场是第三次中东战争期间与戈兰高地一起被以侵占的，应纳入安理会242号决议范围内解决。

三、舒巴村和加吉尔村北部问题

舒巴村位于黎南部与以色列交界的纳巴蒂耶省，毗邻谢巴农场，面积为37平方千米，距贝鲁特130千米，常住居民2000~3000人，均拥有黎巴嫩国籍。1982年以色列入侵黎巴嫩时占领该村。2000年5月，以色列按照联合国根据1978年3月黎以战争前的两国事实边界划定的“蓝线”从黎南部撤军，其中包括该村的居住区，但以仍占领该村所属农场部分。加吉尔村位于黎南部同戈兰高地的交界处，地理上属戈兰高地的一部分，由约2700名阿拉维派信徒居住，居民多拥有以色列国籍。2000年以色列根据联合国划定的“蓝线”从黎南部撤军时，由于“蓝线”正好将加吉尔村划为两半，故以驻军该村南部，真主党武装控制该村北部。2006年7月黎以冲突期间，以色列攻占该村北部，迄今未撤出。2009年黎议会大选前后，以色列曾几次放风说将从该村北部撤军，但迄今未实施。目前，国际社会希望以军将该村北部交由联黎部队（UNIFIL）管辖，联黎部队领导人正和以方就此事进行磋商。

第五章　中黎平等互利关系

黎巴嫩对新中国并不是一开始就了解的，从误解到赞许的转折发生在1955年4月万隆会议期间。周恩来总理以海纳百川的博大胸怀、耐心细致的工作，扭转了会议的气氛，求同存异、增进团结的肺腑之言感染了每个与会代表团，当然也包括黎巴嫩代表团。黎巴嫩代表团团长、驻美国大使查尔斯·马立克在会议闭幕的第二天下午，到万隆塔曼沙里街10号拜会周恩来。他对周恩来说：总理先生，我想我可以说，这次会议上你赢得了每一场重要的战斗，在每一场你要参加或者你允许自己参加的重要战斗中，你都获胜了。虽然我们在好些问题上，有些是很重要的问题上有分歧，但都同你建立了一种亲密的关系。我们有机会看看中国共产党人是怎样办事的，围绕你们的神秘性部分地消散了。你在会议上取得了成功，是比别人都大的成功。你那天表示愿意同美国谈判分歧的声明，使你一系列卓越的表演达到高峰。整个会议对你来说纯粹是收益。

当年11月，中国贸易代表团访问黎巴嫩并签订了贸易协定。据此协定，中国于1956年9月在贝鲁特设立了商务代表处，双方实行以现汇支付的贸易方式。1957年9月，黎巴嫩决定与台湾提升关系，同意台湾驻黎"公使馆"升格为"大使馆"，同时限制中国商务代表处的活动，并在当年联大会议上投票支持美国关于不考虑恢复中国在联合国合法代表权的提案。鉴于此，中国于1960年3月撤走了商务代表处，但双边的贸易关系仍继续保持。一些对华友好的议员如卡马勒·琼布拉特、马卢夫·萨阿德等组团访华，推动承认中华人民共和国。

1971年中国在联合国的合法席位得到恢复后，黎巴嫩新任总统苏莱曼·弗朗吉亚表示希望与中国建交。中黎两国随即通过双方驻苏联和法国大使馆进行了接触和磋商，并于1971年11月9日在巴黎签署了建交协议。1972年1月，中国在贝鲁特开设大使馆；3月派出首任驻黎巴嫩大使。当年11月，黎巴嫩外长哈马德访华，签订了新的中黎贸易协定。由于中国当时处于“文革”后期，黎巴嫩又连年内忧外患，双边交往较少，贸易额度不大。但中国驻贝鲁特使馆坚持不闭馆，是黎巴嫩内战期间一直留驻的少数外国大使馆之一。

黎巴嫩内战结束后，中黎先后签订了《两国发展纺织领域经济、技术、贸易合作谅解备忘录》、《中黎海运协定》、《两国政府鼓励和相互保护投资协定》，并多次签订《经济技术合作协定》、《民用航空运输协定》，向黎巴嫩提供多笔无息或无偿经济援助，用于战后重建。

中黎建交后，中国在和平共处五项原则基础上，本着“主动、积极、稳妥”的方针，加强双方相互支持、平等互利的友好合作关系。中国政府支持黎巴嫩捍卫主权和领土完整、促进黎国内和解、推动黎与邻国发展睦邻关系，支持黎政府为民族和解和重建国家所做的努力，积极开展官方和民间各层次交流，深化经贸、文化、教育、旅游等各领域多形式的友好合作，提供力所能及的支持和援助。

近年来，双边贸易呈快速增长的趋势。2008年双边贸易总额已达近15亿美元，黎方入超，进口的中国商品涵盖所有海关商品分类。机电产品进口速度最快，占中国对黎巴嫩出口总额的40%左右；纺织品、鞋类、陶瓷、玩具等占30%左右。

中黎双边贸易以民间渠道为主，又以黎商赴华采购为主要形式，集中在广东地区。每年赴华的黎商达8千多人次，参加广交会的人数超千人次。

中国在黎巴嫩工程项目承包市场上进展有限。黎内战结束后，中建公司、成套设备公司等13家中资工程公司曾参与竞争黎巴嫩的工程市场，均无功而返。中国水力电力对外工程公司和中国港湾工程有限责任公司，先后在黎巴嫩竞得了阿西河水坝项目和特利波里港口扩建项目，实现了中国在黎巴嫩工程承包业务中零的突破。

黎巴嫩的代理商不仅对中国公司在黎巴嫩参与工程项目持积极态度，同时也乐为中国公司在黎巴嫩境外竞标项目牵线搭桥。华为技术有限公司和中兴通信股份有限公司，就通过黎商作为中介获得了在其他国家的电信设备供应项目。上海建工集团曾通过黎商介绍，与科威特王室成员签订了在科威特等国进行项目合作的意向书。

1996年以来，中国向黎巴嫩提供多批物质及现汇援助，包括各类家电、教学设备、办公电脑、太阳能热水器和小汽车等，并协助黎巴嫩政府安置在黎的巴勒斯坦难民。

2006年3月，中国首批驻黎巴嫩维和部队和工兵营80名官兵抵黎，作为联合国驻黎临时部队的组成部分，部署在黎南部地区，执行排雷、修建和维护道路、建筑物、停机坪等任务，并担负对当地的人道主义救助等任务。这也是中国第4次成建制派部队执行联合国维和使命。

中国早在1989年，就向中东派驻联合国军事观察员，

2006年7月黎巴嫩、以色列两国爆发军事冲突中，中国驻黎以边界军事观察员杜照宇在以色列轰炸中不幸牺牲。

中黎建交后，黎巴嫩坚持“一个中国”政策，曾婉拒陈水扁等过境要求，2006年9月，黎巴嫩在联合国大会全体会议上发言支持中国立场，反对将所谓“台湾问题”列入联大议程。黎巴嫩议长纳比赫·贝里2001年访华；拉菲克·哈里里总理1996年、2000年两度访华，其子“未来阵线”领导人、现总理萨阿德·哈里里2006年访华。

2001年黎中友好联合会恢复了活动，现任主席、黎巴嫩大学教授马斯欧德·塔希尔多次率团访华。2007年，中国沈阳师范大学与圣约瑟夫大学合作开办了中东地区第一所孔子学院。

中黎友谊源远流长，早在两千年前，中黎之间就以丝绸之路相沟通，黎巴嫩优越的自然条件，使之成为中东国家养蚕缫丝最多的国家之一，直至半个世纪前，丝绸仍是黎巴嫩最兴旺的产业之一。如今，在黎巴嫩山区的朱戛镇仍保留千年缫丝的工艺设备。

在黎巴嫩，不论官员还是平民百姓普遍对中国友善，他们特别赞赏中国的几点是：无论大小国家，一律平等相待、真挚友善；根据自己的国情特点，有计划有步骤、采取人民群众乐于接受的方式改革和发展；谦虚地向世界所有国家开放，取长补短，令经济与社会获得巨大发展。

2005年初，英国广播公司在22个国家对2.3万人进行民意调查，结果显示，对俄罗斯、美国有好感的分别占36%和38%，而对中国有好感的达48%。其中对中国最有好感的国家是黎巴嫩，达74%。

黎巴嫩的一位友人开玩笑说，我们黎巴嫩人几乎对所有的事都有不同意见，唯独对中国高度一致。根据我在黎巴嫩的多年经历，此言不虚。中国在黎各教派的口碑相当趋一。

黎巴嫩什叶派大阿亚图拉穆罕默德·侯赛因·法达勒拉会见我时强调，中国在苏联解体后，西方有人预测中国将蹈其覆辙，结果中国非但没有垮，反而以全世界最高的速度发展，实在了不起。中国从不干涉别人内政。尽管我们的意识形态与中国不一样，但我们赞赏中国按自己的方式搞社会主义，并取得巨大的发展。

已故什叶派最高委员会主席舍姆斯丁称道，中国自古以来在阿拉伯心目中就是文明、智慧的中心。半个多世纪来阿拉伯人依然这么看，即使是冷战时期，苏联还在时，我们也另眼看中国，中国一直支持阿拉伯正义事业，让我们尊重。

逊尼派的“共和国穆夫蒂”卡巴尼强调，1300年前先知就说：“知识虽远在中国，亦当求之。”这表明中国是有知识有教养的国度，它深深地扎根于穆斯林心中。现今中国奉行和平公正、平等互利的政策，在阿拉伯世界深得人心。美国要一手遮天，很危险。中国有分量，可以使失衡的世界重新恢复平衡，弱小国家可从中获益。

前总统赫拉维直言，他更喜欢中国而非美国。中国待人公正，不想当头；美国要充当全球主人和国际唯一警察，但处事不公，搞双重标准。以色列炸死南黎戛纳村那么多平民，美国却阻止谴责。

马龙派大主教索菲尔觉得，中国全方位开放的思想对黎巴嫩很有启发，希望黎中关系不断发展，强大的中国可以发挥自己的影响；祈求上帝赐公正与和平于全人类，别让人回落到6

千年前状态或只知争食的普通动物。

德鲁兹长老格桑称赞中国几千年的文明是人类文化、哲学和博大精深思想之源，至今仍为人类楷模。世界大国唯中国敢讲公道话，主张和平解决争端、不干涉内政，是人类正义的旗帜和希望，21世纪应该是中国发挥作用的世纪。而某个大国强大却不公道，试图靠武力和牛仔文化征服世界，徒有伟岸的躯壳，色厉内荏，迟早要失败的。

附录

1. 马海德博士的故乡

哈马纳是贝鲁特东郊山区的一座古镇。其古老的程度，以致古腓尼基留存的石刻都铭记了它的名字，它源于腓尼基神“哈穆娜”或“巴尔—哈特曼”，意为祭拜太阳的石柱。

哈马纳距贝鲁特30千米，位于贝鲁特至大马士革公路的制高点——巴耶德尔北侧，海拔1230米，隶属巴卜达—上麦顿县。这里是马海德—乔治·海德姆的祖居地，20世纪初，马海德的父亲跟其他天主教徒移民一道离开哈马纳，移居美国，当了一名钢铁工人。马海德于1910年出生在美国纽约州布法罗市，1929年回黎巴嫩，在贝鲁特美国大学读硕士学位；1931年赴瑞士攻读博士学位。1933年毕业后来到上海从医，并结识宋庆龄女士。经宋庆龄介绍，1936年与埃德加·斯诺一道前往陕北革命根据地。斯诺完成历史性采访后离开了，而马海德则恋上了这片热土，并留了下来。从此，他与中国革命和新中国卫生事业血肉相连，直至1988年过世。斯诺《西行漫记》，即《红星照耀中国》的文中，却未见对马海德的描述，哪怕是只言片语。个中原由，是他与斯诺有过约定，那就是为了他在美国的家人安全必须隐姓埋名。当时，他是给中国革命领导人们当保健医生，为革命军队服务，不容在美国声名远扬。倒是陕北的红军指战员、当地的老百姓，几乎无人不晓这位大名鼎鼎的，连手表、钢笔都要他修的马大夫。

出自内心对马海德的敬佩，我两度在黎巴嫩任职期间，多次造访哈马纳镇。其实，哈马纳的故乡早就与中国有缘了。70多年前，哈马纳一直是黎巴嫩重要的养蚕缫丝中心之一。但时过境迁，最后保留下来的一座缫丝工场也被改建成高中学校了。

哈马纳是个奇特的山镇，是黎巴嫩少有的集市镇与乡村风光于一体的地方，从一开始就把居住区、商业区、工业区和农田分隔开来，最大限度地保留自然景观。当地镇政府环保观念较强，不允许建水泥厂一类破坏环境的项目，而是鼓励植树造林。硬性规定盖房不得超过三层，且必须以石灰石贴墙面，房顶一律苫（盖）红瓦。这其实是现代楼与传统房屋结合的产物，在钢筋水泥建筑的外墙上贴上石灰石片，显得古朴厚重。而镇内最受推崇的仍是代表古腓尼基风格的石砌无樑房屋，其门厅往往是四壁石块向穹顶渐次收拢，在中心点形成花瓣一样的效果。这里最典型也是最大的传统建筑是马兹哈尔家族的老屋，被称作“拉马丁宫”。起因是，1832年法国著名诗人冯塞·杜拉·马丁曾在此逗留过15天并写下名诗“拉马丁谷”：哈马纳之谷，美丽的舞台，她最令人赏心悦目，真乃天造地设……于是，这座老屋被更名为“拉马丁宫”。清澈的泉水从悬崖脚下流淌，穿过一片人造雪松林，在断岩边形成瀑布，古人曾利用其巨大的落差，建许多水磨，利用水轮的动力磨面舂米。

哈马纳也是黎巴嫩少见的各教派混居的村镇，既有天主教

圣谷崖壁上的马龙派修道院

堂，又有清真寺，还有德鲁兹修行洞窟，以及马龙派修道院、修女院。

哈马纳的芸豆和樱桃很有名，每年五月份举办樱桃节，选“樱桃皇后”。为发展旅游，每年七月中至八月末举办各种艺术节。

1974年，马海德与妻子苏菲随中国卫生代表团访黎巴嫩，黎巴嫩方面十分重视。马海德夫妇到哈马纳走访乡亲，受到乡亲隆重而热情的欢迎。乡亲为表达对他的挚爱，特意准备了一些雪松（黎巴嫩国树）苗，让他带回北京栽培。尽管黎巴嫩雪松只宜在一千多米高的多雪阴坡上生长，低海拔的北京不适宜栽种，马海德还是将雪松苗带回了北京，并栽在自家的院子里。访问期间，总统弗朗吉亚还在其官邸接见并宴请代表团，议员阿明·杰马耶勒全程陪同。阿明曾于1972年访华并于1982年就任总统，系当年黎巴嫩最大的政党长枪党党魁老皮埃尔·杰马耶勒长子。2000年7月，阿明·杰马耶勒从流放地法国返回黎巴嫩，我曾应邀到阿明在贝克法亚的家拜访他。他询问马海德晚年情况并了解有无他与马海德1974年访黎时的合影。我随即求助马海德夫人苏菲，苏菲请我转给阿明一本印刷精美的画册。上面不仅有阿明与马海德夫妇的合影，还有前驻华大使萨马哈先生受阿明总统委托，于1986年3月14日授予马海德科芒德尔（司令官）国家勋章的场景，表彰马海德在医学上为中国和全世界所作出的贡献。

20世纪90年代末，苏菲女士应旅居台湾并娶台妻的黎巴嫩友好人士皮埃尔先生之邀，携子周幼马重访了黎巴嫩，参加了在哈马纳街心公园举行的“马海德公园”命名仪式。2001年黎中友好联合会成立后，时任主席、前驻华大使萨马哈建议在马海德公园为马海德塑像。在黎中友联、苏菲女士、哈马纳镇政府及两国大使馆的共同努力下，马海德半身铜像终于2003年8月矗立在他的故乡。这位受人尊敬的国际主义战士、医学博士永远生活在他的家乡、生活在哈马纳乡亲的身旁。魂归故里，这大半是1954年就加入中国国籍的马海德同志做梦也未曾料到的。后来，中国使馆又帮助哈马纳掘井，以缓解饮水困难，这该是中国另一种“饮水思源”的方式吧。

2. 首任驻华大使的中国情

黎巴嫩第一任驻华大使伊利亚斯·布斯塔尼先生是一位资深的外交家，20世纪40年代初期就进入外交界，曾在欧洲、非洲等七个国家使领馆工作，先后任驻西班牙、塞内加尔大使。中黎建交前，他任外交部政治司司长，中黎建交公报黎方文本就是由他亲自起草的，可以说他是中黎关系的奠基人之一。

1972年他出任首任黎驻华大使，这一干就是10年。后来他当起了阿拉伯使团长，有更多的机会同中国领导人接触，时任中国外交部部长姬鹏飞、副部长何英都是他的老朋友。正由于他有众多的朋友，他成为使团中消息灵通人士，连美国驻北京联络处主任老布什都经常找他打探消息，甚至找他并通过他请马海德向中方传话，表示美国急于结束在柬埔寨的战争，理所当然遭到婉拒。因为他清楚什么该讲什么不该讲。

他生性好奇，对中国文化尤感兴趣。到京履新适逢“文革”破四旧、上山下乡，大量的古旧文物被弃如敝屣，像破烂一样被卖掉。他跑遍了北京文物商店，陆续购买了上千件文物，主要分为四类：明清家具、明清瓷器、木刻雕刻和各类绘画。虽然这些文物市场价格奇高，但是他却并不看重。称他最看重的是收藏中国的古旧书籍，其中关于孔、孟、道、释的书籍就有两百多册。这些典籍最令他珍视，因为这是中华文明的结晶，是最重要的文化遗产。

布斯塔尼大使对中华文明至为推崇，他常说，中华文明五千年，最宝贵的是对精神文明的贡献。并认为周恩来总理是世界上最受人民热爱的领导人，集古今中外思想之大成，完美地体现了孔子思想所蕴涵的道德与哲学。他本人在中国亲自感悟人民对周总理的发自内心深处的情感。

我2002年7月下旬到他在山上的寓所向他辞行，他已是84岁的耄耋老人，虽步履艰难，还拄着拐杖，坚持送我到台阶旁，并笑呵呵地说，他最大的愿望就是风烛早熄，不愿有朝一日半身不遂，自己痛苦，又拖累亲人。过了不久，这位参透人生的老人就与世长辞了。在与他的多次长谈中，他对中国的一往情深，对其祖国处境的无奈，对国际和地区问题的独特见解，深深地印在我的脑海之中。在此不妨披露一二，以飨读者。或许你未必赞同其观点，但可品味其心声。

布斯塔尼来华工作前，长期在欧洲、非洲工作，仅在法国就工作了15年，但最喜欢的国家是中国，因为中华文明数千年一以贯之，人民具有十分优秀的传统和品质，晓得如何向他人学习，如何尊重别人和平等待人，所以在华十年是布外交生涯里最美好的十年。

布斯塔尼认为，中国当初对苏联的预言应验了。苏联到处搞霸权，到头来自己四分五裂，陷于长期混乱之中，以致黑手党、新贵当道，多数人民遭殃。

而另一个超级大国还在搞霸权，要充当世界警察，到处插手干预，搞双重标准，投入那么多军火去打击南斯拉夫这样一个小国，而自己却解决不了国内十分之一的人吃不饱的问题。在非洲，参与颠覆政府、搞暗杀、目无国际法准则。在国际上搞新干涉主义，破坏了固有的国际秩序。在国内又各唱一个调子，相互比拼狂妄自大，动辄拿别国说事，宣扬暴力、凶杀，强盗文化充斥电影、电视，如今又上了互联网，让世界的孩子在家里就可以受这种粗野文化的熏陶，以致他们自己的孩子模仿电影大盗犯罪，枪杀自己的同学，且悲剧一再重演。

布斯坦尼坦言，黎巴嫩国小力薄，成为国际和地区大国的角斗场。而黎巴嫩的教派主义是黎巴嫩身上的毒瘤，将教派利益置于国家利益之上，往往通过教派的途径谋求一己之利，为外来干涉提供了便利。当初，黎巴嫩出于善意，接纳了成千上万的巴勒斯坦难民。然而，巴勒斯坦领导人却提出口号——解放巴勒斯坦之路必须经过朱尼耶（马龙派中心），结果给黎巴嫩带来了空前的灾难。

3. 首位勇闯中国市场的年轻人

在黎巴嫩提起黎商会主席阿德南·卡萨，那可是家喻户晓，且往往将他与中黎关系联系在一起。

卡萨是黎巴嫩圣约瑟夫大学的高材生。他的父亲，黎巴嫩前国家咨询委员会主席，前驻巴基斯坦、土耳其大使，退休后专心律师事务，并组建黎巴嫩大学法律系，自任系主任。他希望子承父业，继承他最属意的律师职业。可是卡萨对法律没有多少兴趣，对商贸心向往之。父亲是个通情达理、眼界开阔之人，尊重卡萨个人选择，送给他五千美元，作为经商的资本。他怀揣着这五千美元前往大马士革，到中国驻叙利亚大使馆敲门探路。然而他吃不准，中国大使馆会不会给他发签证，因为黎巴嫩当时奉行亲西方的对外政策，与中国没有外交关系，却与中国的台湾省保持“外交”关系。出乎意料的是，中国大使馆痛痛快快地为他发了去中国的签证。

此前，卡萨先生就与中国人有所接触，那是大学刚毕业的1954年，去巴基斯坦旅游期间。1955年首次去香港，已同中国建立了联系。1956年冬，他第二次去了香港，不过这次的目的地是中国内地。他先是乘车到广州，在广州搭飞机北上。那时的飞机是美国制造的配以苏联造的引擎。飞机很小，只能坐18个人；飞机油量有限，每飞一小时就需降落加油；且飞行高度较低，连农民锄地都看得一清二楚。就这样飞飞停停，用了一天时间才到达北京。北京方面很重视这批来自中东的商人，商业部一位副部长亲自到机场迎接，为每个客人配一件棉大衣御寒。从此，卡萨就成为中国在黎巴嫩的商品代理，几乎每年要跑一趟中国。

卡萨与中国驻叙利亚大使馆商务处熟识后，向商务处建议在贝鲁特设立商务代表处。黎巴嫩时任外交部部长萨利姆·拉胡德和经贸部部长拉希德·卡拉米很快就批准了中方的设处申请。可是到了夏蒙总统那里受到了质疑。夏蒙提出，共产党国家在黎巴嫩设办事处恐怕不合适，卡萨辩称这是商业性质的办事处，与政治无关。夏蒙也就不反对了。

当卡萨将批准书送到大马士革中国使馆时，使馆的官员开始还不敢相信这是黎巴嫩外长亲自签署的批准书，经过反复地研究才决定派员来黎。记得中国代表从叙利亚入境时，是卡萨本人偕黎巴嫩经贸部总司长去接的。后者曾任1993年成立的黎中友协顾问，20世纪70年代任黎巴嫩大学校长，后任中央银行行长。

当中国商品代理使卡萨积累了雄厚的资本，在黎巴嫩商界的地位日见上升。1971年首次当选贝鲁特及黎巴嫩山区商业、工业、农业联合会主席，1972年1月1日正式就任。这是黎巴嫩全国最大也是最有影响力的行业协会，他1992年、1996年、2000年又成功连任。1997年秋成为总部设在巴黎的国际商会代理会长，1999年秋出任国际商会会长。如今卡萨的资本主要不是来自贸易，而是银行。他与其弟阿迪勒合伙建立法兰萨银行，并相继在国外开设了5家分行。

卡萨在商界打拼半个世纪后，又从商界迈入政界，2000年出任黎巴嫩经贸部部长。

2002年7月中旬，在我向卡萨先生辞行时，他又回顾起中黎建交前的往事。他称当年中国经贸代表团访黎时，是他求父亲托舅舅找到夏蒙总统。夏蒙半开玩笑地说，怎么把共产党的代表团招来了？他舅舅解释说这纯粹为了做生意。夏蒙遂批转当时的外长拉胡德和时任经贸部部长、前总理拉希德·卡拉米办理，卡拉米与中国商业部副部长举行会谈，并签署了两国间第一个贸易协定。

半个多世纪过去了，卡萨的中国缘未变，还在续写着，而以反共著称的夏蒙亲手建立的自由国民党却变了，变成与中国共产党建立党际关系的400多个国际政党中的一个，可谓时势造人啊。

第六章　文化教育与新闻出版

第一节　东西文明的交汇点

黎巴嫩国土面积小，人口数量少，然而却创造了多个世界之最，成为人种融合、吸纳外来文化最多的国家之一。

远古的黎巴嫩，最早的原始居民聚居在东部贝卡平原、沿海一带及茂密的森林里，冬天入山洞，夏天搭凉篷。由含族的第5支迦南人和闪族的第2支阿拉米人组合成腓尼基人。黎巴嫩位居东西交通要冲，历来是兵家必争之地，加之地震、风灾、旱灾等自然灾害，人口不断减少。

从公元前19世纪以来，先后有法老、亚述、迦勒底、波斯、希腊、罗马、拜占庭、十字军入侵，以及阿拉伯帝国、奥斯曼帝国、英、法等国的征服，每次都遗留残部或随从，与当地人融合，留下各自的传统与文化，人口也保持兴旺并得以繁衍。

从宗教的角度看，基督教和伊斯兰教对黎巴嫩的影响是迄今为止最大最深刻的。在3世纪君士坦大帝宣布基督教为国教后，许多黎巴嫩人皈依了基督教。7世纪拜占庭派军队进驻黎巴嫩山区，腓尼基基督徒加入其列。阿拉伯帝国征服的多数地区，归化得比较彻底，黎巴嫩是少数的例外之一。奥斯曼帝国四百年统治，扶壮了黎巴嫩的逊尼派，占据了几乎所有沿海大城市的主体。

外来者的遗产体现在方方面面。法老的建筑、雕像、某些兵器、家具、服装、首饰的制造技术；亚述、迦勒底和波斯的天文计算、时间划分和时辰名称，巫术、占卜、解梦、星象说，某些战术、行政管理、军队建设以及炼银术；希腊的语言、文学、艺术和哲学，希腊式体育和娱乐场，广场和墓地造碑立像，某些度量衡标准和货币形制；罗马和拜占庭的城堡、殿堂、阶梯剧场、桥梁与民宅的设计与建造术、顶端爵床叶饰立柱，石板大路及里程碑，法律学与司法机构、刻碑文的墓志、自来水系统等。

在巴格达、开罗的哈里发时期，黎巴嫩南方聚居阿拉伯部落，如塔努希、马安、谢哈比等，从塔努希部落分出艾尔斯兰家族。12世纪出现德鲁兹派聚居在南贝卡蒂姆谷地和舒夫山区与麦顿。马龙派则进入黎巴嫩北方山区。十字军残部加入了马龙派队伍，马龙派部分家族的名字带有十字军印记，如弗朗吉亚、巴尔达维勒、塔尔比耶、卡斯巴尔和伯伦斯等。库尔德的后裔有穆赫塔尔的琼卜拉特家族、阿卡的穆拉阿卜和阿卜德家族、赫尔迈勒的但达希家族、西拿家族；土耳其后裔有加兹拉的阿萨夫家族、朱尼耶和代尔卡马尔的亚兹吉家族和图尔克家族。亚美尼亚裔分为两部分，两次世界大战逃难过来的聚居在贝鲁特东区；原居者有胡卡兹、阿鲁廷、古什卡吉、夏迪尔、卡尔库尔等家族。

除随军迁来的，还有大量的是原住地发生战乱或灾荒逃难而来并定居下来，远自意大利、马耳他，近自伊拉克、叙利亚和巴勒斯坦。

黎巴嫩被阿拉伯同化后，以阿拉伯语取代了阿拉米语，阿拉伯的传统习惯为人们普遍接受，如慷慨好客、听天由命、信守承诺、以牙还牙等。但在宗教习俗方面，基督教与伊斯兰教几乎平分秋色。且大多数黎巴嫩人是虔诚的信徒，宗教观念深入人心，以致日常的语言交流都带上宗教色彩。如表示对某件事极为欣喜，则随口说“我的教，太好了”。若赞赏对方，常说“你教万岁”、“你教平顺”。如友人结婚，也以上帝名义祝福：“上帝祝福你，令你平安，赐你儿子，长命百岁！”即使母亲哄婴儿睡觉时唱的催眠曲也连上上帝或真主：“我的上帝（真主）啊，睡吧吾儿，我的上帝（真主）爱睡吧，为上帝（真主）睡吧，我的心肝儿，你一定不会受欺侮，我的上帝（真主），我的永恒，保佑我的睡儿！”

至于黎巴嫩出租车司机，往往要把他们的信仰用文字或图像显示在汽车内或玻璃窗上，要么是《古兰经》的经句，或真主、伊玛目的尊称，或者是十字挂件、圣徒画像。当然，司机的根本目的不是宣示信仰，而是祈求上帝、真主或伊玛目佑保他们及他们拉载的客人平平安安、万无一失。

第二节　尊师重教的国度

黎巴嫩自古以来就重视教育，早在公元前15世纪，黎巴嫩人的祖先腓尼基人就创造了22个字母组成的文字，并由比卜鲁斯传到了希腊，经希腊改造后传遍了整个欧洲。

近现代以来，黎巴嫩承袭重教育的优良传统，培养了一大批备受国内外欢迎的各类人才，他们在经商、管理、医疗和政治等领域往往出类拔萃。而黎巴嫩教育成功的奥妙在于复式多元、优势互补，很早就引进外国教育资源，并实行公立、私立结合、教俗兼有、高中低档次皆备，且重视多语言教学。

黎巴嫩近代的公共教育始于18世纪，至19世纪就创立了中东地区最早的两所现代高等学府，贝鲁特美国大学和贝鲁特圣约瑟夫大学。

贝鲁特美国大学校园

贝鲁特美国大学由美国教会创办于1866年，是一所不隶属于任何教会的私立大学，获美国纽约州特别许可证，使用美国教材，由独立的校委员会管理。设工程、医学、农艺、文学和社会学5个学院54个专科，共7500多名学生，来自近80个国家，以黎巴嫩为主。后增设商业管理学院，前总理哈里里曾为此捐资两千万美元。该校在中东地区颇负盛名，尤其是医学院，其附属的医院也属阿拉伯国家一流，其胸外科更佳。该大学毕业生现在美国、加拿大工作的就有六七千人，约旦前首相拉瓦比德、黎巴嫩前总理胡斯、巴勒斯坦人民阵线前总书记哈巴什、黎巴嫩社会进步党主席琼布拉特等都毕业于此。

贝鲁特美国大学坚持择优录取、不徇私情的原则，即使总统、议长、总理的儿子不达分数线也绝不录取。大学下设附属高中，系黎巴嫩尖子学校之一。

圣约瑟夫大学创办于1881年，是座规模较大的综合性大学，用法语教学。在法国委任统治期间，该校得到长足发展。现设有医学院、科技学院、社会科学院、人文科学学院等，在校生达1.1万人。2007年，我国沈阳师范大学与圣约瑟夫大学合作开办了中东地区第一所孔子学院。

贝鲁特阿拉伯大学建于1960年，曾为埃及亚历山大大学的分校，系逊尼派穆斯林慈善协会创办，曾得到埃及政府的资助，迄今埃及亚历山大大学仍与此校保持学术合作关系。大学下设商学院、法学院、文学院等9个学院，在校生约1.5万名。

黎巴嫩美国大学前身是女子学校，由美国传教士于1835年创建，1948年更名为女子学院，1973年改为男女生全招的贝鲁特大学学院，1994年更名为黎巴嫩美国大学。该校设有文理、商学、工程建筑和药学4个学院。沿用美国大学的教学大纲，用英文授课，在校生近8千人。

黎巴嫩大学，是黎巴嫩唯一一所公立大学，建于1952年，归高教部领导，在黎巴嫩各地设多所分校，设理学、文学等17个学院及专科学校，用阿拉伯语教学，吸纳的大学生占全国60%以上。2002年在校生7.5万余人，其中全日制学生仅2.5万人。该大学有4个学院无须入学考试，即文学、政法、科学和社会学院，以致三分之二以上的学生都涌到这4个学院，一名教员平均须需68个学生，而其他学院平均教20个学生。

截至2003年，黎巴嫩已有42个注册大学和大专教育单位，上课的有19所，除黎巴嫩大学外其余皆为私立。全国大专院校在校总数已逾14万人，其中外籍学生约占十分之一。

私立学校面临一系列问题亟待解决，诸如资金、教员、校舍。目前实施的《教育法》，是1961年制定的。为适应新的变化，黎巴嫩大学和其他6所私立大学组成一个高教功能委员会，协调与时俱进事宜。圣约瑟夫大学秘书长亨利认为，政府允许一些公司以赢利为目的开设大专院校，有悖高等教育的崇高目标。贝鲁特美国大学副校长海达尔主张，一个优质大学不仅仅在于校舍、师资和生源，还在于氛围、传统与可持续性，以及不断的更新与改革。

黎巴嫩的学校分为公立免费学校、私立免费学校和私立收费学校。教学体制分四个阶段，即学前教育，九年基础教育（小学六年、初中三年）、高中教育（三年）和大学教育（四至五年，专科为三年）。

黎巴嫩有中学300所、小学1300余所，职业技术学校100余所。至于教育费用，国家承担40%，私立学校承担60%。黎巴嫩教师待遇较好，工资普遍较高。20世纪末大学教授月薪在两千至六千美元。

在全国中小学校外语教学上，有568所学校教授英、法双语，1576所学校教授法语，557所学校教授英语。中小学生总人数近80万。

私立学校一直占有优势地位。20世纪70年代初期，私立学校学生占学生总数的56%，内战结束后曾一度占70%，现仍在60%以上。

2000年成立教育与高教部，专司教育事务，而此前是由国民教育部、青年与体育部、文化与高教部分管。

第三节 当之无愧的新闻出版中心

贝鲁特曾被联合国教科文组织授予新闻出版中心的称号。这对黎巴嫩内战前的贝鲁特是当之无愧的。战前，黎巴嫩拥有700余家报刊杂志，阿拉伯世界60%的书籍，特别是字典、辞典、百科全书类书籍在贝鲁特出版。前总理塔基丁·索勒赫曾任“黎巴嫩报业协会”主席，新闻出版业在黎巴嫩的地位可见一斑。

黎巴嫩人受教育程度高，每10万人中拥有4800个大学毕业生，比例居阿拉伯世界首位。黎巴嫩也是最早引进西方印刷技术的阿拉伯国家，而第一台机器是马龙派修道院1858年自德国引进、用来印刷经书的。黎巴嫩人思想活跃、崇尚自由，且外向进取，在阿拉伯新闻出版方面也大显身手。最负盛名的埃及《金字塔报》和波斯湾阿拉伯国家的大报多为黎巴嫩人创刊或起了主要作用。

1876年，两位黎巴嫩青年萨利姆·塔格拉和比夏拉·塔格拉借助当时埃及自由宽松的社会气氛，在亚历山大创办了《金字塔报》，面向阿拉伯国家及其侨民发行。令他们始料未及的是，《金字塔报》后来成为阿拉伯首屈一指的大报，变为知名学者、文学家的园地，艾哈迈德·绍基、哈菲兹·易卜拉欣的诗作，塔哈·侯赛因的犀文，穆罕默德·海卡尔、布图卢斯·加利的政论，纳吉卜·马哈福兹的小说，尽现在版面上。特别是20世纪50年代中期至70年代初期，海卡尔任总编时，他将纳赛尔总统的政策理念，以社论的方式，准确无误地传给民众，成为纳赛尔得心应手的喉舌，深受国内外关注。

黎巴嫩新闻出版业的鼎盛时期是20世纪60年代末、70年代初期。"六·五"战争后苏伊士运河的封闭，贝鲁特成为波斯湾阿拉伯石油大国进口的主要通道之一。石油收益的激增和对媒体的渴求几乎是同步的，黎巴嫩的主要刊物几乎都有石油美元的支撑。最为典型的是《事件》周刊，从家庭作坊式的小刊物，发展到70年代初，已成为综合性的报业集团，盖起一座在当时看来十分显赫的总部大楼。

内战严重地打击了新闻出版业，然而，擅长死里逃生的黎巴嫩人自有妙招。他们把刊物搬到了海外，以原有的名字、原用的文字，固有的风格，继续生存下去。如《事件》周刊、《未来》杂志、《生活报》等搬迁到了伦敦、巴黎等欧洲城市，为报刊埋单者当然也有变化。大多数报刊还是留在了黎巴嫩本国，如《安瓦尔报》的总部曾8次挨炸，正门被摧毁，就在背面挖个墙洞进出上下班，直至完全不具备办公条件时才迁入新址，由此可见黎巴嫩新闻从业人员的敬业与执著。

其实，黎巴嫩的新闻出版业，绝大多数是个体私营。之所以能成气候，首先归因于宽松自由的环境，除了国家元首外几乎了无讳忌；其次是有效的行业自律，除报业协会外，还有编辑协会，共拥有700多会员。两协会曾于1950年合并，1953年又解体，1962年又联手组成"黎巴嫩报业联盟"，报业协会主席兼任主席，编辑协会主席任秘书长，各派两名代表组成最高报业委员会。

最典型的私人办报是一位老太太的英文要闻集锦《中东报道》。她带领着女儿、女婿，雇用几个文员和送报工，在两三间略显简陋的办公室里，每天出版最受外交使团和其他外国驻黎机构欢迎的快报；周末发专稿，重在要闻综述。每天凌晨，早早地将刚印行的几十份英、法、阿文报刊蒐集回来边翻译、边打字，随即复印百十份。在正常的上班后一两小时，这份较厚的快报就会送达订阅者手中。它不仅有要闻奇事，政府的动态方略，地区和国际的焦点、热点，还有各报重要评论的详细摘录。1977年在原有业务基础上建立了私营通讯社——“中东报导新闻社”，在开罗、华盛顿等设有分社。

黎巴嫩报刊的成功还在于编辑的技巧和信息量的丰富，而且每家报刊都有自己独特的风格，包括版面、字体和插图。头版头条往往以新闻价值取舍，从而增加了可读性与时效性。每遇事件，则将背景材料连带列出。只要你通晓英、法、阿文的任一种，不消半年就可基本了解黎巴嫩。所以，黎巴嫩被誉为“情报中心”、“外交官的天堂”，便捷的媒体该是第一要素。

当代电子图书的普及并未撼动黎巴嫩出版中心的地位。譬如利用娴熟英、法、阿文三种语言的优势，编辑双语或三语专业技术辞典，或儿童彩色图书与各类电子图书相契合，在中东国家和广大黎侨中颇有市场。

还要提及的是，黎巴嫩个别报刊虽有对中国的负面报道，但编辑和记者总体上对中国还是坦诚友好的。我曾向一日报主编表示，报刊的自由、公正显现了黎巴嫩的分量，若只报道消极一面而忽略了另一面恐有失公正，遑论真正的自由了。新中国几十年取得的成就举世共睹，如只报道负面，那些成就的取得岂不是无根无据了吗？这位主编坦言，中国的成就非凡，已收复香港，澳门即将回归，将来台湾再回来，中国下个世纪势将成为世界巨人。那些关于中国的消极报道，甚至出现有损黎尊严的报道，源自西方三大通讯社，这是个悲剧，对黎巴嫩作为新闻中心的形象有害无益。新闻从业人员应该具有丰富的想象力，但是必须占有尽可能多的素材。虽说任何新闻都是相对客观的，唯具备新闻道德，并持开放思想，其工作才能站得住脚。——这或许是黎巴嫩上千名编辑、两千余名记者的真实心态吧。

而《白天报》的创始人纪伯伦·图埃尼对其子戈桑·图埃尼的诫言则表达得更为透彻：

提倡民主，但民主不是放纵；自由应置于义务的权限之内。

不要盲目排外，也不可对外国人忘恩负义，但不能因此失去我们的个性。

不否定一切来自西方的艺术、现代科技和高雅文学，但应赋予我们的理解，依据黎巴嫩、阿拉伯的理念，正确地消化它，要究其内核而非皮毛。

黎巴嫩既是阿拉伯独特文化的中心，就必须汲取西方的一切长处，形成有别于其他阿拉伯国家的独特文化。因为它是阿拉伯国家中唯一的创造出自往昔文化桎梏中解放出来的文化。然而，黎巴嫩不想成为盲目（否定）的偏执狂，要容纳并尊重各种意见和哲学观点。

第四节　活跃的民间体育

黎巴嫩人民酷爱体育，这大半缘自得天独厚的自然条件。背山面海，有高山有平川，气候又多样，滑雪场积雪达半年之久，海水宜游也是半年之久，所以滑雪和游泳成为黎巴嫩全民性的体育活动。由于黎巴嫩地势高低悬殊，在半小时车程内既可穿上泳衣游泳又可换上滑雪板滑雪，这恐怕在全世界都是罕有的。不同教区有不同的体育爱好，如北部的基督教区篮球是长项，在穆斯林聚居区人们更长于足球，这也是黎巴嫩的一个特色。

黎巴嫩的篮球、足球、游泳、滑雪、举重、摔跤、乒乓球、排球、射箭、武术和高尔夫球等，都有自己的基层组织——俱乐部。俱乐部均为私有性质，由大的公司或家族资助，以市场模式运作。各个单项俱乐部组成松散的全国性体育联合会，进行彼此协调与联络。政府专设青年与体育部，作为官方最高的青年与体育运动的宏观指导机构。

凡参加地区和国际体育赛事，由青体部对外联络、单项运动联合会负责组织抽调各俱乐部运动员集训和比赛，政府给予一定的补贴与支持。

黎巴嫩人对中国的武术也颇为欣赏，拉胡德总统任内的卫队司令专程从中国武警部队聘用两位武术教练，将卫队官兵统统培训一遍。看他们表演武打的一招一式，还真像那么回事。还有几位黎巴嫩人开设中国武术馆，甚受那里年轻人欢迎，连一些年轻姑娘也陶醉于中国武功。其中一位馆主兼教练，不但在北京体育学院深造过，而且还在嵩山少林寺与武僧们练过一段功夫，并获得了证书。其小女儿耳濡目染，也得了几分要领，为我们表演拳术，十分专注尽力。

黎巴嫩各所大学都比较重视体育教育，体育设施设备也比较齐全。贝鲁特美国大学为鼓励学生海游，专门在运动场边，凿一条穿过海滨大道的隧道，径直通向海滩。在课余之后，让师生们充分享受大海与阳光。

黎巴嫩篮球队在阿拉伯世界属一流球队，在亚洲范围内成绩也不俗，他们的黎巴嫩球迷士气高昂，给人留下很深刻的印象。

1999年5月29日晚，在朱尼耶镇阿齐兹体育馆举行中黎篮球赛，中国参赛的是辽宁队，黎方出场的是阿齐兹俱乐部的希克迈篮球队。比赛中，黎巴嫩总统拉胡德亲临现场观看助威，赛场上号角声、锣鼓声、呐喊声震耳欲聋，足有120分贝。黎巴嫩队最终以84∶71取胜。这一结果令整个基督教区沸腾起来，狂热的年轻人沿街欢呼胜利，拦车、燃放鞭炮直至凌晨。而贝鲁特穆斯林聚居的西区安静如常，仿佛压根儿没进行过这场赛事。第二天，基督教背景的报刊以头条新闻报道这场比赛，《祖国呼声报》以彩色版面欢庆黎巴嫩成为“亚洲冠军”，并提出要争当世界冠军。一位在银行任高职的基督教朋友不无自豪地对我表示，黎巴嫩只有350万人口，中国拥有12亿人口，黎巴嫩竟然在篮球比赛中战胜了中国。有一报刊刊登了一幅漫画，直白地描绘这种感触：脚踩篮球的黎巴嫩人与中国人并肩等高。而这场比赛又恰恰在基督教中心卡斯拉旺县举行，基督教视之为增强其凝聚力，提高整体士气的广告，其作用远远超出比赛本身。

而两个月后，在日本举行的亚洲篮球赛，中国队以107∶67胜了黎巴嫩篮球队后，黎巴嫩报章多做简要的消息报道，当初为黎巴嫩队欢呼雀跃的一家大报此次竟只字不提这场赛事。

隔年的7月25日，在上海举行的第21届亚洲男篮锦标赛预赛中，黎巴嫩队以81∶71战胜韩国队后，黎巴嫩青年与体育部长心血来潮，来电话称，这是黎巴嫩篮球队，也是阿拉伯篮球队首次进入亚锦赛决赛。提出要于当日下午5时来我使馆办赴华签证，他要率45人的代表团乘坐专机当夜启程赴沪观看27日的决赛。我作为特急案件，动用全馆力量，仅用一小时就为青年与体育部长等一行人办妥了签证。可是，专机需办入境许可。一问之下方知，途中经过的乌兹别克斯坦、土库曼斯坦、哈萨克斯坦等全没有预办手续，这显然来不及了。不过由此可见，黎巴嫩上至总统、部长下至普通球迷的爱国热情和不同寻常的高昂士气，实在是令人钦佩之至。这就是黎巴嫩举国关注的体育精神。

第五节　文坛奇才纪伯伦

纪伯伦（卡里·纪伯伦，Kahill Gibran.1883~1931），一个为中国知识界熟知的名字，他的《先知》等作品早在1931年就被冰心译成中文。此前的1923年，茅盾曾将他的五首散文诗介绍到中国。他的全集如今已在中国出版多年。

黎巴嫩著名女歌唱家菲露芝，于1999年8月在日内瓦举行的国际红十字会50周年纪念活动时，以纪伯伦的诗歌“国土是属于你们的”演唱，打动了成千上万的听众：

大地是你们的，
大地为布满你们赤裸的脚印而欢欣不已。
大地是你们的，
你们的情感奔放不羁，为清风所仰慕。
大地是你们的，你们就是道路。
奋起挣脱桎梏，成为最健壮的赤子。
大地是你们的，
崇拜自由吧，不容世上的暴君统治你们！

大地也是我们的，你是我的兄弟，
你为什么偏偏要与我作对？
倘若我没听见，你也没有看见，这到底是为什么？
我们相互牵挂，彼此相知，
把你的手伸过来，请握住我的手。

通过菲露芝天籁般的歌喉，实现了纪伯伦生前未尽的夙愿："让声音中的声音，说给耳朵的耳朵聆听。"

纪伯伦1883年1月6日出生在黎巴嫩北方山镇布夏里，由于父亲不善经营，家境贫困，母亲于1895年带着三个孩子移居美国波士顿，寻求生路。当时纪伯伦只有12岁。

纪伯伦进入公立中学后，其艺术天分被老师发现，便将他推荐给艺术家达伊。在达伊的带领下，大大提升了他的好奇心和探索精神，其画作得到波士顿艺术圈的肯定。然而，纪伯伦觉得自己亟须补习阿拉伯语和阿拉伯文学知识，遂在15岁时回到贝鲁特，入希克迈特（意为睿智）教会学校学习阿拉伯语和法语及绘画，在校期间创办《真理》杂志。

回到美国后，他强忍接连失去妹妹、母亲和哥哥三位亲人的巨大悲痛，相继出版三部阿拉伯文著作《音乐艺术的概论》、《牧场新娘》和《叛逆的灵魂》。其挚友斯蒂芬资助他出版画作，并通过未婚夫为纪伯伦邀请小学校长玛丽为他评鉴画作，其画展在波斯顿取得成功。玛丽又资助他到巴黎进修绘画，师从罗丹，并赴伦敦考察艺术。然而，他迁居纽约后，兴趣转向写作，直至1931年病逝纽约，年仅48岁。

其后期著作有英文散文集《疯人》、《先驱者》、《先知》、《人子耶稣》、《先知泪》，诗剧《大地之神》。

纪伯伦（中）与友人在纽约

纪伯伦的代表作《先知》，以一位智者临别赠言的方式论述生与死、爱与美、婚姻与家庭、法律与自由、理智与热情、劳作与安乐、善恶与宗教等一系列人生与社会课题，充满隐喻与哲理的东方色彩，并辅以西式的浪漫情调和寓意深邃的插图。他认为要唱出“母亲心中的歌”，所以，其作品多以“爱”与“美”为主题，通过大胆的想象和象征性手法，表达其深沉的情感和远大理想。

纪伯伦对阿拉伯文学的发展起了重大作用，是阿拉伯现代小说和艺术散文的主要奠基者之一，作品已被译成二十多种文字。

纪伯伦的家乡布夏里位于著名的阿迪沙圣徒峡谷的顶端。7世纪以来，这一带曾是许多流亡者、避难者的隐居地。20世纪初，一些修道士在布夏里修建了圣约瑟夫修道院。

纪伯伦生前就企望买下这座修道院及毗邻的林地，但未能如愿。他的大妹妹最终买下修道院及林地，将其遗体安葬在修道院侧旁山洞的最深处，修道院被改建成纪伯伦博物馆，分三层十六室，展出他的画作、著作、笔记和藏书，以及他在纽约使用过的家具、陈设。

纪伯伦终身未婚，但一直是在女性的呵护下成长、发展以至归宿。尤其是玛丽，作为他的终身挚友，不仅在艺术道路上，而且在英文写作上，甚至在感情上都给予他无私的帮助与支持，从而成就了一代文化艺术奇才，成为享誉世界的哲理散文家、神秘主义诗人和艺术大师。

第六节　熠熠生辉的“绿松石”——菲露芝

提起女歌唱家菲露芝，在黎巴嫩乃至阿拉伯世界，可谓家喻户晓，童叟皆知，甚至在美欧的一些大都会也声名赫赫。

菲露芝原名努哈蒂，1935年生于黎巴嫩北部山区，雪松陪伴着她的幼年。后随父母迁居贝鲁特，进入韦拉亚中学后，自幼喜好唱歌的她被选为学校唱诗班的成员。一次偶然的机会，被兄弟作曲家穆罕默德·弗莱菲来和艾哈迈德·菲莱菲来发现，选入黎巴嫩国家电视台合唱队，不久脱颖而出。多位词曲作家一致看好她是个有培养前途的好苗子，并相继为其谱曲。国家电视台的一位主管还为其取了艺名“菲露芝”，意为绿松石（阿拉伯人钟爱的一种宝石），期望她像绿松石一样光鲜璀璨，且介绍她认识了作曲家阿西·拉赫巴尼。

菲露芝采纳了阿西的建议，继承并发扬了本国的传统演唱风格。她的正确选择使她取得极大的成就，成为20世纪中叶

菲露芝（中）与埃及音乐家、歌唱家在一起

后黎巴嫩和阿拉伯世界最杰出的女歌唱家之一，与埃及著名歌唱家乌姆·库勒苏姆齐名。她在与阿西的合作过程中建立了感情基础，于1954年结为夫妻，从此她与阿西·拉赫巴尼和苏莱曼·拉赫巴尼两兄弟亲密无间的合作与默契，将演艺事业推向了新的高峰。他们多次应邀到大马士革、开罗等地广播电台工作，其间创作并演唱了许多动人心弦的歌曲，奠定了在阿拉伯歌坛的尊贵地位。

1971年，菲露芝与拉赫巴尼兄弟到美国和欧洲巡回演出，她的歌声遍及纽约、伦敦、巴黎等地许多著名大剧院。她本人荣获黎巴嫩、叙利亚、约旦、巴勒斯坦、突尼斯、法国等多个国家颁赠的荣誉勋章和奖章。

菲露芝深爱自己的祖国，她不无自豪地说："如今，当你们将目光投向黎巴嫩，你们会发现，没有其他什么可以与我咏唱的黎巴嫩相媲美。所以，当我们思念这个黎巴嫩，就可以循我的歌声去寻觅以我的歌演绎的祖国。”

当歌迷们问她演唱时为何没有形体动作，她答曰：我歌唱时，你们看着我的面孔，我仿佛隐遁了。我认为高雅艺术有如做祈祷，虽不在教堂，但我感觉如同身在教堂。在这种气氛中是不可以大笑的。至于手舞足蹈嘛，如若你们看到我是那般模样，笃定会去自裁的。每个声乐家都期望达到世界一流，但前提是必须保持自己的风格特点，并在发展中受益，同时不能疏于传统，丢掉精髓。

菲露芝的艺术理念应了那句话——越是民族的，就越是世界的。

1999年5月，她在美国拉斯维加斯成功举办独唱会后，时任黎巴嫩总理胡斯博士亲自去电祝贺。哈佛大学中东音乐家丹雅逊女士评称，菲露芝将艺术、民歌与欧洲的乐器完美地融合在一起，她无疑是20世纪阿拉伯最著名的歌手，无人望其项背。前总理米高提对她的评价更高：菲露芝是黎巴嫩之国宝，她为黎巴嫩付出了很多，也为阿拉伯国家作出了贡献，她在为所有阿拉伯国家歌唱，为麦加、为耶路撒冷、为所有阿拉伯首都歌唱，我们为她而荣耀！

黎巴嫩内战之后，一些流行歌曲在黎巴嫩大行其道，多属挟麦克风一族，歌词往往晦涩煽情，譬如“满足，天哪，我们让你满足；娇惯，我们真的惯坏了你；够了，行啦，别，别再多加一分”。一些阿拉伯学者解释这种现象是政治、社会、军事衰败之音，还有的学者认为这反映年轻人自由、放纵与解脱。然而，菲露芝所代表的传统歌唱艺术，却像一坛陈酿，经久弥香，回味无穷。阿西之兄、作曲家曼苏尔在评价菲露芝的艺术成就时认为，她的天赋他人难再拥有，其独有的天籁之音也难能重现。

菲露芝的成就与拉赫巴尼兄弟的合作密不可分，他们三人的造诣俱深，应该说是互为红花与绿叶的关系。拉赫巴尼兄弟诞生于一个酷爱音乐与文学的小商人家庭，自幼受安提里亚斯小镇绮丽风光的熏陶，后又进入艺术院校受到系统的音乐教育。他们从创作民间传说为内容的歌曲开始，如《月光之下的婚礼》、《战争贩子》等，被聘请到黎巴嫩广播电台任专职音乐家、作曲家。他俩从此以“拉赫巴尼兄弟”的名义谱写乐曲，一鸣惊人，听众纷纷要求重播他们的歌曲，甚至提出要求实况转播。

菲露芝与拉赫巴尼兄弟的合作开创了黎巴嫩歌坛一个全新的时代。拉赫巴尼兄弟创作的歌词如诗似画，在菲露芝凄美哀婉的演唱下感人肺腑、催人泪下，引起空前的轰动，并很快在阿拉伯世界流传开来，如《徒劳的黄昏》、《我们的热恋之舟》等，曾经迷倒了无数听众。

拉赫巴尼兄弟还为一些传统歌曲重新谱曲、配乐，以新的包装“复活”一些被人们淡忘的阿拉伯歌曲，尤其在1957年黎巴嫩巴尔贝克第二届音乐节上，推出别出心裁的歌曲《绿色的黎巴嫩真美好》，由菲露芝演唱，听众如痴如醉，“粉丝”几近癫狂。

很可惜，阿西英年早逝，49岁突发重病，虽一度痊愈，还是撒手人寰，两兄弟如日中天的事业至此戛然而止，幸好苏莱曼与弟弟伊利亚斯，以及阿西与菲露芝之子扎亚德都在为歌唱事业尽心竭力地走下去。

第七章　旅游

第一节　得天独厚的旅游天堂

黎巴嫩是世界上小国之一，面积只有一万平方千米，不及北京的三分之二。但它却是旅游资源最为丰富的国家之一，有山有海，有众多古迹遗址，又有完备的现代化消闲场所和设施。

黎巴嫩地处地中海东岸，属典型的地中海气候。夏天温热少雨，冬季雨雪连绵，横亘黎巴嫩的山脉高处，十月份就为雪所覆盖，直至翌年六七月份才完全消融。沿海地带几乎不降雪只降雨。山上与山下温差较大，盛夏季节，贝鲁特市夜间气温会高达二十几摄氏度，而山上只有十几摄氏度，甚至五六摄氏度。中等收入以上的黎巴嫩人，大多有两处房产，夏季住山上，冬季住山下。

海滩是最受游客青睐的去处，几乎每个沿海城镇附近都有沙滩泳场。黎巴嫩220千米长的海岸线，约一半可用于旅游开发，其面积达750万平方米。最早的海滨设施可追溯到20世纪30年代。内战前，旅游业成为黎巴嫩经济四大支柱之一，年接待入境游客相当于当时黎巴嫩人口的一半，在整个中东地区也居于前列。这主要得益于优美的自然环境，完备的旅游设施和高素质的从业人员。

黎巴嫩虽然国土很小，但温湿的地中海气候和落差较大的地貌，孕育了多样的自然生态。可以栽培从我国广东省到辽东半岛的各类农作物和水果，沿海地带盛产香蕉、橄榄，山区遍植享誉欧洲市场的红苹果和酥梨，东部贝卡谷地产类似北京的柿子，不过皮极薄，薄得像西红柿一般。高山滑雪场十月份就开始积雪，一直可滑到来年五月份。当你四月初在海边游泳之后，开车只需25分钟，就可来到雪山滑雪。在雪山上西眺，白雪、绿松、蓝海，由近及远层叠有序，赏心悦目。

一、古迹遗存遍及域中

以罗马古迹为多，达40余处。贝卡谷地北部巴尔贝克罗马祭坛是黎巴嫩规模最大的古迹，也是罗马帝国在世界上的最大遗存之一。前前后后修了三百多年，从拜物教修到东罗马改宗基督教，内中还有教堂、清真寺的遗迹。保存较好的酒神庙，依然高耸的朱比特神庙六根巨柱，还有重达300吨的巨大石础，皆令人震撼不已。

神庙由门厅、祭礼大厅、朱庇特庙、酒神巴卡斯庙、美神维纳斯庙组成，全部由巨石垒成，规模和气势极其宏伟。庭院、大殿和院墙均坐落在巨石砌成的高大台基之上。有块巨石重达两千吨，这恐怕是人类历史上最大的加工过的方柱石体。门厅呈正六边形，是步上台阶入门后第一座建筑物。它兼具礼仪接待、祭拜者歇息和整理装束与随身祭品的功能。

祭祀大厅，长104.5米，宽103米，其实是个正方形的露天建筑群。厅内设两座祭坛，据考证古罗马曾用美貌少女献祭。由于这座露天大厅十分开阔，4世纪罗马皇帝狄奥多西曾

贝卡谷地——安基尔遗址

在其中建起一座长方形教堂，厅中原有128根花岗岩石柱组成石廊，如今绝大部分已经倒塌。朱庇特神庙，位于祭祀大厅西侧，有石阶连通。它建于1世纪罗马皇帝尼禄时代，是一座科林斯柱式，即雕有爵床叶饰的柱头建筑。共有54根巨柱拱起庙顶部和柱廊。巨柱高20米，直径2.3米，每根均由三节圆柱拼接而成，接缝之间未用黏合剂，而以凸凹榫槽相接，严丝合缝。朱庇特神庙早已被地震毁掉，但仍有六根相邻的巨柱排成一行，巍然屹立，其雄伟高峻被视为黎巴嫩的骄傲，与黎巴嫩雪松并列为黎巴嫩的象征。

巴卡斯酒神庙，位于朱庇特庙东侧，建于1世纪。酒神庙亦为石柱环绕支撑，正面有8根，两侧各15根，柱高15米，直径2米。正门石柱上雕满葡萄、罂粟图案，柱廊的顶部为巨石浮雕，雕有28个神像。神庙最深处供奉巴卡斯神像，其四周石墙遍刻葡萄与酒壶图案。庙顶虽坍塌，四壁及石柱尚存，它是中东地区保存最完好的罗马神庙。

维纳斯神庙，建于245年，系东罗马改宗前不久的建筑，呈圆形，高68米，直径36米，四周环绕50根石柱，内供奉维纳斯女神像。相传古代青年男女信徒在酒神庙狂饮之后，就来到维纳斯神庙作乐。

舒夫山区的贝特丁宫是近代黎巴嫩建筑的典范，依山面谷，顺山势而建，伊斯兰的拱门、大马士革的花饰，法兰西的情调，深浅不同的大理石交替垒砌，不同风格不同功能的建筑有机地结合成一体。露台回廊，罗马式喷水池，土耳其浴室，各种规格的会客室、居室、展厅，收藏大量出土文物。拜占庭马赛克镶嵌图画，种类齐全。硕大的庭院是盛夏举办音乐会之类演出的场所，中国少林武僧曾在此演出。侧旁的白色宫殿，是巴希尔·谢哈布酋长170年前当朝理政的殿堂，1850年沦为奥斯曼帝国行省所在地，1918年至1843年成为法国总督夏府。如今成为共和国总统暑期办公的夏宫。

贝特丁宫

南方的赛达、苏尔、嘎纳等地，是两千年前耶稣传教的去处，还有将甘泉变成美酒的“圣迹”。

苏尔（提尔）是个拥有五千年历史的古城，在公元前10世纪成为腓尼基最繁华的城邦之一，同邻国以色列王国建立了外交与贸易关系。它建成于公元前30世纪初，最初是由一个陆地聚居区及一个离岸不远的小岛组成。公元前10世纪，苏尔国王希拉姆填海造地，将陆地部分和小岛连接了起来，苏尔进入了鼎盛时期。腓尼基于公元前851年开始扩张，苏尔的商人在北非建立了迦太基城。

公元前332年，在希腊与波斯的交战中，亚历山大大帝开始进攻这个具有战略意义的城市。他连攻7月未克。后来，他利用被遗弃的旧城的建材，修建了一条通往岛城的道路，并最终攻下了该城。据说，亚历山大大帝因苏尔城的顽强抵抗而被震怒，攻陷苏尔后摧毁了这座城市，并将城里的3万居民杀害或卖作奴隶。公元前64年，罗马人取代马其顿人，统治了苏尔，而苏尔人继续铸造他们自己的银币。罗马人在苏尔城建造了很多重要的纪念物，其中包括一套排水系统、一个凯旋门和一个竞技场。拜占庭时期，苏尔经历了第二个鼎盛时期。亚历山大大帝时期，以石坝将苏尔岛与大陆连接起来，罗马时期修水渠，将公元前10世纪艾因泉水自五千米外引进苏尔。迄今，高耸的古罗马凯旋门依然矗立在罗马大道上，虽饱经战乱和地震，许多石柱已斑驳不堪，却依然挺立在古道两旁。苏尔的古墓群及苏尔东郊的崖墓群，该是地中海地区历史跨度最大、规模最为可观的墓地，葬式、浮雕及文字透视出特定朝代的特定民俗、信仰和工艺水平。

苏尔还是紫红色颜料发现地。这是纯天然动物性颜料，来自地中海骨螺。这种骨螺生活在多岩石的浅海中，它以蛤蜊等软体动物为食。先是在蛤蜊的壳上钻孔，之后伸出长喙吸食。由骨螺轧出的黄色液体，在太阳暴晒后变成紫色颜料。在古代，紫色衣袍曾是环地中海地区和两河流域高官显贵身份的象征，“腓尼基”即紫色染料之意。

苏尔凯旋门

苏尔东南10千米的嘎纳，地处阿拉伯半岛至土耳其的沿海古驼道上，早在公元前一千年就辟为商道，石壁上刻有偶像和碑，碑上的人头代表旅中亡魂，像代表神灵，神灵保佑亡魂。还有一处群雕像，中间高大，两侧矮小，被穿凿为耶稣携弟子出行。其下侧有蜗形山洞，传说耶稣居住过，洞壁上挂着耶稣像。山脚下有多处泉眼，到底哪一处是耶稣饮过尔后令甘泉变成红酒的，谁也搞不清楚。

2000年5月28日，黎巴嫩前总理拉菲克·哈里里的胞妹、时任议会教育委员会主席的巴希娅主办第五届苏尔民间舞蹈节。开幕式的第一个节目、也是唯一有道具的节目是舞龙表演。龙身全长三丈余，龙头特别大，足有两米长，龙眼是用葵树叶做的，叶中部点黑眼球，由22名高中生表演。男生戴黑瓜皮帽，女生系彩色头巾，分别着红、黑、绿长袍和黄绸裤，袍背印有龙图腾。当主持人宣布“今年是中国龙年”后，举着“欢迎”和“龙”字的前导将龙引出，绕场一周。主办者巴希娅向作者表示，中华文明博大精深，希望加强同中国的文化关系。

二、比布鲁斯的神奇

比布鲁斯是黎巴嫩最古老的城市之一，今称朱拜勒。在七千年前新石器时期就有人居住。在《圣经》中被称作“盖巴勒”。它前后经过无数外来势力统治，所以它的建筑遗存往往层层相叠。埃及、亚述、巴比伦、波斯、马其顿、希腊、罗马、拜占庭、阿拉伯、十字军等都留下了痕迹，保存较好的十字军城堡，就是建在埃及法蒂玛王朝的废墟之上，侧旁的罗马、拜占庭教堂显然也非从零起建造的。作为迦南及后来的腓尼基的重要港埠，早在四千年前就成为北到赫悌，东往美索不达米亚，南至埃及，西达地中海克里特文明诸邦的交通枢纽。埃及法老派船运去纸莎草纸、象牙、阿斯旺花岗岩，运走雪松木材和松脂，用于造船筑殿和制作木乃伊。从比布鲁斯神庙和陵墓中出土的文物充分说明，埃及文明对比布鲁斯的影响极大，如从出土的比布鲁斯国王雅豪米勒克石碑来看，上首的浮雕几乎是从埃及法老时期的浮雕复制下来的，在展翅的神鹫之下，端坐的比布鲁斯太阳神即完全仿照埃及公元前三千年就被供奉的伊西斯女神，她头长双牛角，两角托起太阳是在接受国王献祭。神庙里供奉与埃及一样的神，树立状似埃及的微型方尖碑。比布鲁斯女神即腓尼基女神阿斯塔特，也为埃及法老尊崇并供奉。木柄镶金箍圆形银镜，与埃及同时期银镜形制几

比布鲁斯的微型方尖碑

无二致。神庙里发掘出的青铜器、金斧、银斧及镀金修长青铜神像，凸显当时生产力发达的程度。

比布鲁斯考古发掘出土的文物跨度大，种类多，从旧石器时代的石斧到新石器时代的彩陶，从青铜器到金银器，全面地反映了黎巴嫩的人文历史。在万千文物中有一组陶偶颇为传神，有的双手遮目，有的双手掩耳，还有的用手把嘴巴捂住。黎巴嫩考古学家认为，这很可能是在表达“不见鬼、不听邪、不说鬼话”之意。这充分显现古人的智慧与幽默，形象地表达做人的规矩。

腓尼基富有而狭小，航海和商贸成为腓尼基人走出国门、控制地中海贸易的两大要素。希腊人将贩来埃及纸莎草的腓尼基商人称作“比布鲁斯”，即纸莎草，由纸莎草又演绎出英语的“纸”与“圣经”。而令希腊人更为受益的是腓尼基文字。腓尼基商人为快速签单订契约，催生了22个辅音字母组成的字母表及书写规则，希腊人袭用后加上了元音并传遍罗马及西方其他各国。

比布鲁斯古墓出土的腓尼基铭文

1984年，比布鲁斯与巴尔贝克、苏尔（提尔）及安贾尔一道被列入《世界遗产名录》，虽频经战乱与地震，如今你走在比布鲁斯古老的街区和露天市场，脚踏的依然是几千年前铺就的砖石，这就是不朽的比布鲁斯！

三、狗河摩崖石刻

从贝鲁特沿海公路北行不远，穿过山洞，就是狗河入海口。河口南北两侧的山崖是个极为独特的去处，两侧摩崖造像与碑刻多达几十个，历史的跨度长达四千年，从埃及法老、波斯大帝、赫悌和亚述到英法帝国、黎巴嫩独立、“塔伊夫协议”签署、以色列从南黎巴嫩撤军，都在狗河口崖壁上留下了石刻的痕迹。只有个别的石刻位于北侧，如尼布甲尼撒二世碑刻，而绝大多数摩崖浮雕和碑刻位于南侧，如埃及法老拉美西斯二世的有三处，亚述帝王的有四处。

尼布甲尼撒二世是新巴比伦最伟大的国王，他曾任总司令官，成功地抵御埃及对巴比伦的进攻。公元前604年发兵出征叙利亚和巴勒斯坦。公元前597年占领耶路撒冷，将犹太国王掳到巴比伦。这处碑铭应是刻于公元前604~前597年。

拉美西斯二世是古埃及历史上最伟大的法老，他继位不到4年，就向西亚远征，阻遏强敌赫悌王国的扩张，维护对东自两河流域，西至地中海东岸的迦南的统治地位。在今叙利亚北部卡迪什与赫悌大军的交战中，拉美西斯二世转败为胜，从而与赫悌媾和，签署了人类历史上存世最早的国际条约。条约规定，两国从此不再交战，在遭遇敌人侵犯时相互支援，维护对方利益。拉美西斯连续娶了两位赫悌公主。这就是他在狗河连刻三碑的背景，三碑分别刻有拉美西斯二世膝前跪着一个俘虏；他抓住一个俘虏的头发并猛击其头部，将其击昏在地；他

狗河口的摩崖碑刻

刺杀被捕敌俘。而所有场景上方都有埃及庇护神阿蒙—瑞等形象。

亚述系公元前20世纪兴起的王国，至公元前14世纪，一度成为控制美索不达米亚、亚美尼亚、北叙利亚的主要强国。公元前9世纪进行新的扩张，曾控制从埃及至波斯湾广袤地区。直至末代国王巴尼拔（公元前668~前627年）平定埃及叛乱，攻占腓尼基的推罗（苏尔），使叙利亚等再次臣服。显然这四块摩崖碑刻的跨度在7个世纪以上。公元前609年亚述帝国被迦勒底—米底联军所灭，从此销声匿迹。从东方的中国，到西方的希腊、罗马，摩崖石刻数不胜数，但是将几千年变幻更替的历史蒐集于一隅，仿佛一本石刻的历史典籍，实属罕见。

四、姊妹溶洞

还有一处值得一看的自然景观是狗河的水源地——杰伊塔溶洞。该溶洞位于贝鲁特以北18千米处，在卡斯拉旺县境内，位于黎巴嫩山的腰部，属上下旱水姊妹溶洞。上洞景观奇特，洞顶布满冰凌一般的乳白色垂石笋，洞底遍生向上的石笋，因含微量金属而呈红色或黄色。长650米的人工廊道穿过各种奇形怪状的钟乳石，在拐弯处，横着顶部塌下的巨石，巨石之上又生出许多新石笋。拾阶而上，站在一个平台上，仿佛立在一座庞大的剧场正中央，最高处净高80米；向下看，深不见底，但闻流水潺潺声，那该是流向下洞的水声了。下洞是一条蔓延千余米的地下河，水清澈而凉爽，特制的平底船顺河潜行，最低处不低头都会碰上岩顶，最狭处只能过一条船，行进中观赏装上彩色射灯的各式造型石笋，顶上不断有水滴落在头上、脸上，炎热的夏天洞中一游，水波荡漾，凉风习习，优哉游哉。

1836年美国传教士汤姆森狩猎时由发现山体回音而找到杰伊塔溶洞。后经多次考察和整修，水洞于1958年开放；旱洞在修建117米涵洞后于1969年开放，两姊妹洞相继成为黎巴嫩重要旅游景点之一。可惜内战期间，溶洞被改作军火库，修葺后于1995年重新开放。

第二节　别具一格的饮食文化

黎巴嫩的饮食代表了黎巴嫩的多元文化，高级饭店的西餐都是上档次的。无论是牛排，还是煎鱼，味道都相当纯正。中餐、日餐、泰餐乃至印度餐都进入黎巴嫩餐饮市场，但不成气候。

最受游客青睐的，还是黎巴嫩餐。它是地中海地区餐食的典范，荤素、生熟、干稀、色泽及各类营养搭配科学合理。

正规的黎巴嫩大餐分三道，即冷盘、正餐与水果、甜点。

冷盘分为五类：

第一类，各式新鲜蔬菜，集中摆放在一个小篮子或深凹菜盘内，五颜六色，搭得高达一两尺，有生菜、大葱、胡萝卜、黄瓜、大西红柿、青椒等，外侧是柠檬。

第二类，各式酸渍菜，居多的是酸黄瓜、酸橄榄、酸甜菜头、酸甜椒以及天然酸味的三叶槿、“扎阿特拉”等。

第三类，十几种酱，以橄榄油、蒜泥调和的霍姆斯酱、茄子酱、大蒜奶油酱、西红柿酱、芝麻酱、酸奶酱等。

第四类，各种肉食，生鲜牛肉、羊肉末（用橄榄油拌食）、新鲜生羊肝、炸尖头肉丸（卡巴巴）、羊肉末炒松子、鹅肝、炸发酵面肉馅三角。

第五类，面食，阿拉伯大饼、炸奶酪春卷、以倒扣锅底烘烤的家常薄饼，以及各式面包。

第二道正餐多为烧烤肉类，烤全羊、烤鸡、烤牛肉串、羊肉串、鸡肉串、油煎羊肉串，各类烤鱼。烤鱼中最具黎巴嫩特色的是当地海产素丹·易卜拉希姆鱼，三寸长左右，淡红色，肉质细嫩。

米饭没有纯白的，一律加入各类肉丁、菜末、果仁。还有夹肉末或外加西红柿丁的烤饼，也颇具本地特色。

第三道水果甜点，顾客要转身换到另外一张餐桌。那简直是一场水果宴，本地产的各种时令水果一应摆上，有时达十几种，让你无措手足，不晓得吃哪种为好。黎巴嫩的甜点也是颇有名气的，主要有三种：包夹果仁者居多，尤其是绿色开心果，如以酥皮裹开心果仁，细淀粉丝裹开心果切块，以粗米粉果仁夹心切成方糕状，大多浇上蜂蜜或羊油；以烤盘烘烤的溏稀甜食，如以淀粉、鸡蛋、奶油混合烘烤，再撒上椰蓉，以奶酪为主加淀粉、糖稀烤成可拔丝的凝胶状。

黎巴嫩人十分好客，对外交官特别友善，如有请必去，有时一天数场。黎巴嫩当地人，社交活动也十分频繁，亲朋好友相互之间几乎每天都有吃请。一些友人，尽管七老八十的高龄，每年都要举办家宴，往往摆上十几、二十几桌。有位女士，靠父亲做巴西珠宝生意留下的巨大遗产，虽其本人年届八旬，每年要多次在豪宅里大摆筵席加舞会，每逢这一场合，高朋满座，老妇一身珠光宝气、神采飞扬，与其准备的各色美味佳肴交相辉映，她自己总是带头翩翩起舞，稍有间隙，则掏出化妆盒补妆，乐此不疲。

第三节　海洋古生物乐园

到比卜鲁斯古城遗址参观，有一处是不可不去的，那就是比卜鲁斯海洋生物化石博物馆。据馆长介绍，这里是地中海地区唯一展示海洋生物化石的地方，已发现的几百种鱼类，80%已经灭绝。远古时期，比卜鲁斯这一带的气候、水质、环境和山上冲击下来的有机质，特别适合各种海洋生物觅食和繁衍。从陆地山溪流入海湾的水带来了大量昆虫、树籽、草籽和其他食物，鱼类在海水涨潮时争相游入海湾抢食，当落潮时，海湾与外海处于相对隔绝状态，湾底的沉积物泛出的沼气将这些滞留海湾的生物统统闷死了，山上冲下来的泥沙将这些生物遗体淹埋，有时在一平方米大的平面里，竟然埋没数百条大大小小的鱼虾。

博物馆的面积不是很大，展出的以鱼类为主的海洋生物化石分为两大类，一类是本地山上出土的，另一类是巴西进口的。巴西的鱼化石，多为鱼体保存基本完好，大鳞片、长在半尺到一尺的纺锤形海鱼，种类单一。黎本地出土的鱼化石种类繁多，但以鱼骨、鱼棘为主。最长的是鲨鱼化石，长3.5米；小的只有一两厘米长。还有平鱼、鳗鱼、太阳鱼、螃蟹、小龙虾、毛虾等。引人注目的腔棘鱼，属总鳍类鱼，出现在3.6亿年前，一直认为于6500万年前的白垩纪灭绝，但1938年被发现于南非东海岸，后又在马达加斯加和科摩罗捕到，因为它长着四肢一般的鳍，是陆上四肢动物的祖先。科摩罗前总统访华时，曾向我国领导人赠送腔棘鱼标本。

在博物馆旁有几家专售鱼化石的小店，据一位店主介绍，这里的鱼化石全部产自比卜鲁斯东部16千米处的山坡上。后来，一位在比卜鲁斯做化验工作的朋友带我们参观了这个盛产化石的小山村哈格勒。

哈格勒村在比卜鲁斯正东，从阿姆希特拐上山路，不到半小时就抵达哈格勒。村民700余人，全是基督教徒，村的守护神是萨辛圣徒，每年9月15日是圣徒诞辰，举村去教堂做弥撒。

黎巴嫩地块形成于1.5亿年前，1亿年前地壳再次发生强烈运动，令一部分地壳下陷，形成了现存的基本地质构造。哈格勒村外山坳的化石场，海拔750米。也就是说，一亿多年前，经过地壳运动，将比卜鲁斯湾至少抬升了750多米，化石场的南侧高峰达海拔1052米。

两峰之间的化石场有三个，分属三家所有。我们参观的距村最近、系我馆友人同事的姐夫私有山地，有5000多平方米。参观时，主人正在化石场用凿子撬开沉积岩石片，不一会儿就敲出两块鱼化石。他告诉我们，这里的第一块鱼化石是13世纪中叶发现的，是十字军第六次东征时期（1248~1254年），此事在1270年出版的《杜·贾瓦费尔传》一书中有记载。他将哈格勒的一块鱼化石奉献给路易九世国王。迄今，村子里建了三个化石展销馆，最长的颇像鲨鱼，长达1.7米，还有巨大的蠕虫、海鳗、扁海螺，以及骨鳞鱼、有颌牙的棘鱼、古鳕鱼等，多数鱼种已灭绝。

化石场主人带我们到他的家里，喝茶并欣赏他的收藏品。进了他的家门，着实令我们吃惊不小。原来，家中四壁全部用海洋生物化石贴面，不同的化石搭配有致，数量和种类之多不亚于村里的展销馆。最吸引眼球的是太阳鱼，整体像一把椭圆形的葵扇，中心上半部颇似人面，下半部类似青蛙的腹部与下肢。其尾如渐细的扇柄。四周有如千手观音的纤臂，有120根左右，就像光芒四射的太阳。

哈格勒村因化石而出名，不少国际古生物学家到此作考察研究，甚至著书立说。世界各地化石收藏爱好者也纷纷慕名而来，更多的是旅游者，实地参观这个古生物宝库，深为大自然造化万象所折服，又为有幸一睹亿万年前的古生物遗痕而愉悦。在那个还不知道人类始祖在哪里的泥盆纪里，竟有那么丰富多彩的海洋生物种群，包括80%已灭绝的鱼类。

第四节 热选小姐的平台

黎巴嫩美女如云，只要你参加一两次婚礼，或到贝鲁特海滨走上一趟，保准你会认同此言。

人是环境的产物，的确，一方水土养一方人。黎巴嫩的地理位置和优美的自然条件，造就得万千佳丽如花似玉。

黎巴嫩地处东西文明交界线上，四千多年前，腓尼基人就垄断了地中海贸易，先后受埃及、亚述、赫梯、巴比伦、波斯、希腊、罗马、十字军、突厥、法国、英国、美国等影响，与外族通婚现象极为普遍。如前总统赫拉维，其妻穆娜系巴勒斯坦人，其儿媳是俄罗斯人。前总统拉胡德，其妻安德列之父是亚美尼亚人，其母是俄罗斯人。前总理拉希德·索勒赫1974年起两次任总理，他自称是黎巴嫩独立以来第一个娶黎巴嫩本土人为妻的总理。而前总理哈里里的前妻是伊拉克人，后来的妻子纳兹克为巴勒斯坦人。混血的结果是优势互补，将东西方之美综合起来，既有东方面容姣好之美，又具有西方身段匀称、三围得体之美。

由于美的资源丰厚，黎巴嫩每年都要大张旗鼓地搞选美比赛，当选的黎巴嫩小姐，迅即身价倍增，对外成为黎巴嫩的形象大使，对内代言、广告、模特之约纷至沓来，频登大雅之堂，与高官显贵平起平坐，天生丽质带来了荣华富贵。

内战结束后，黎巴嫩为恢复旅游者天堂的地位，将欧洲小姐的竞选也引到黎巴嫩来。欧洲自1948年开始搞选美活动。黎巴嫩毗邻欧洲、气候宜人，在欧洲大陆冰天雪地、暴风雪袭击德国、西班牙之时，贝鲁特的气温却已升至11~20摄氏度，深得欧洲小姐们青睐。

黎巴嫩选美现场

继2000年成功举办欧洲小姐选美活动之后，接着又在2001年12月末，于贝鲁特会议厅举办第二次欧洲小姐竞选活动。由刚组建的NEW TV电视台主办，该台董事长哈亚特请了三千位客人，每张票为100美元。使节是赠票，无须付费。会议厅系哈里里总理所属的奥吉公司所建，属举办大型展览、聚会与休闲为一体的多功能钢架建筑，可容纳五千余人，位于海边，邻近贝鲁特港，位置十分优越。本为在2001年10月举行法语国家首脑会议而赶建出来的，建成后该会却因“9·11”事件而推迟，让选美占了先机。

这场选美活动从丰盛的西式晚宴开始，旅游部长、青年体育部长以及大批社会名流到场助势，总统、议长、总理及部长夫人多赏光出席。这些欧洲佳丽在她们本土也未必受到这般高规格的待遇。

33位小姐经过三轮角逐，20岁的法国卫生学校学生朱丽叶·罗贝尔丝夺冠。看上去，这位1.78米的金发女郎比实际年龄大得多，容貌也并非很秀气，或许是她的学识，抑或得益于黎法关系，加之她以流利而动听的法语作答，而大多数佳丽要通过翻译来转述表达，味道当然就不一样了。而整场活动，最引人注目的当是两位选美活动主持人。一位是1997年度世界小姐、印度籍的戴雅娜，另一位是前黎巴嫩小姐朱维勒，她们俩语言的流畅、举止的优雅和节奏的把握，比起33位参选的佳丽，更多几分成熟美。

黎巴嫩是个崇尚西方时髦的国度，2001年电影院放映的欧美大片竟达175部。开放的黎巴嫩女性，以“瘦、露、透”为美，在许多阿拉伯国家，大有取代埃及肚皮舞女郎之势。不论风风雨雨，选美活动在黎巴嫩年复一年地照办不辍，比基尼泳装，妖娆的身姿，活灵活现地展示着黎巴嫩外向与开放的一面。

第五节　圣谷之行

2000年7月的一天，应友人阿基基夫妇的邀请，我和夫人从他们在比布鲁斯的别墅出发，先是沿滨海公路北行至夏卡镇，然后折向东部山区，直奔前总统弗朗吉亚的故乡伊赫顿。从伊赫顿进入“阿迪沙圣徒之谷”，参观谷底峭壁之下的圣徒安东尼奥斯修道院，当地人称之谓“彩虹”修道院。据称大雨过后，彩虹往往从这里升起。

阿基基先生称，他本意是利用一天的时间带我们走遍十五千米长的圣谷。当彩虹修道院院长尤素夫神甫得悉我们来访的消息后，执意要请我们共进午餐。山路弯曲幽长，我们一行乘坐的吉普车抵达修道院，已是中午时分。身着紧领口黑长袍的尤素夫神甫热情地迎接我们，用黎巴嫩特有的柔化阿拉伯语“阿赫莱尼”欢迎我们。

陪神甫接待的除他的两位年轻助手外，还有比布鲁斯圣心医院院长马龙神甫、跟中国做了25年生意的商人图尼，以及三位黎巴嫩地下遗产研究协会成员。其中一位矮个子、五十多岁模样的人最健谈，连中国马王堆汉墓出土长沙丞相軑侯利仓夫人辛追湿尸穿几层衣服、皮肤富有弹性都说得很清楚。一问方知，他是遗产协会副会长法迪先生。他长期从事古迹文物考察工作，曾在圣谷住了13年，几乎探索了圣谷所有的悬穴崖洞，这些洞穴往往高悬峭壁之上，有些唯有用吊索方能自山顶滑下跃入。

法迪先生介绍说，这些山洞、半山洞用途各异：教堂、修道院、隐居所、监狱、坟墓，有些则是流亡者寄居地、受宗教迫害者避难所。彩虹修道院的近半部分就是建在崖壁凹进去的山体之内，修道院上方的山洞曾是中世纪被用来关押“疯子”的地方。

在这些洞穴中发现了许多木乃伊和青铜器时期以来的文物，主要是各类陶器。不少洞壁上绘有壁画，书有文字，大都与宗教信仰有关。如其中有用古叙利亚语书里的形状各异的“十字”、骑士。当今马龙派神职人员仍用这种古叙利亚语作祈福、书写经文、箴言和祷语。在圣徒亚细亚教堂的岩壁上，还发现用埃塞俄比亚阿姆哈拉语书写的“我们将永生”等字句。

法迪先生称，该协会将这些文物及木乃伊统统交给黎巴嫩国家博物馆保存，并将考察与研究成果出版了五期《洞穴中的黎巴嫩》刊物。法迪的生动介绍，意外地为我们参观圣谷做足了功课，彻底打消了我的顾虑——在修道院午餐会耽搁参观。

尤素夫神甫为我们准备的午餐颇具特色，从酒水到餐品，包括蔬菜、果酱几乎全都是自种、自制的。自酿的葡萄酒颇似我国绍兴陈酿米酒，无花果酱味道香醇，斤半重的特大西红柿柿味十足，头道凉菜“塔布里”是用刚采摘的菜尖制作的，鲜绿细嫩，让人又回归到20世纪50年代不用化肥、不上农药的原生态生活，吃起来津津有味。餐厅兼会议厅系典型的腓尼基式无樑石拱建筑，偌大的厅堂没有一根柱子，墙体和拱顶全部用石块砌成，厅顶依次排列四枚有如花瓣的石板，与排列有序的石块勾连扣合，浑然一体。依山傍水，加之厚重的石灰石墙体防寒隔热，古色古香的长廊式大厅，尽管没有空调，也是冬暖夏凉。我们去的时候恰逢盛夏，外边热气袭人，室内却清爽宜人。

尤素夫神甫看上去40岁刚出头，思维敏捷，关心时事，

黎巴嫩传统的石砌无梁厅堂

对中国改革开放取得的成就倍加赞赏。临别时，他向我赠送第五期《洞穴中的黎巴嫩》并在扉页上题词："黎巴嫩的文明和中国的文明为世界与人类造福，从阿迪沙（圣徒）谷——向人类提供到达彼岸的精神价值和人道价值——到吸引千百万人汲取中国的人道主义价值与文明。"落款是，黎巴嫩地下遗产研究协会尤素夫·塔努斯神甫。此刻，我方知晓尤素夫神甫也是地下遗产研究协会的会员。

告别神甫，我们在法迪副会长的引领下，离开潺潺细流、绿树成荫的谷底，沿盘山路蜿蜒而上。不少岩壁缝隙或凹陷处有人类活动的痕迹，或以砖石，或用水泥，堆砌封堵；高悬峭壁之上，不留人工痕迹的洞穴，正是古、近代宗教流亡者的归宿，大多是天主教马龙派修士使用过的。

马龙派形成于8世纪初，一个称作马龙的天主教士，依据本地的习俗和民风创立的宗派，既有别于东西罗马的天主教、东正教，更与伊斯兰教大相径庭，所以长期处于忧患之中，重镇和通衢无容身之地，于是教派信徒纷纷从叙利亚北部迁徙到黎巴嫩的深山峡谷之中，远离内外当权者的视线。随着马龙派信徒的激增，其居住区不断外延，南到舒夫山区、杰津，沿海到比布鲁斯、夏卡、朱尼耶和贝鲁特西区。法国委任统治初期，组建以马龙派家族为核心的“大黎巴嫩”，至1943年黎巴嫩独立时，马龙派已是全国18个教派之中人数最多的一派。按教派人数分配国家治权是黎巴嫩的国体，马龙派自然成为总统席位的承袭者，直至今日。

吉普车盘旋了好一阵子，才抵达峡谷的顶缘，放眼望去，圣谷两侧的峭壁宛如斧劈刀削，高度在800~1000米。法迪先生指点我们绕到一块巨石的前侧，向谷底探视，顿觉头晕目眩。法迪说，他和伙伴们就是从这里，借助捆在石头上的长绳，溜到崖壁的山洞去，而古代的隐士修士正是用同样的方式进出山洞，往往只靠一瓦罐水、几颗橄榄、野果度日。遇到连续降雨或降大雪，食物接济不上，就会饿死冻死，尸体就被风干成木乃伊了。为了信仰，可以饿其体肤、苦其心志，以至亡命也在所不惜！

如今，居住在圣谷两侧的马龙派家族，已无须在悬崖峭壁的洞穴中避难修行了，但以崖为伴的葬俗依然流行。沿峡谷边缘不时会发现用白色石灰石砌成的微型小石屋，三侧实墙，只有背向峡谷的一侧开个半平方米大的窗口。这实为大家庭的公墓，用来存放本家的灵柩。正当我们欣赏圣谷的美景时，蓦回首，突然发现十几位山民抬着一具棕色木棺，塞进一座小石屋（墓），然后把窗户重新锁好，默默地离去。没有话语，没有哭声，与静谧的圣谷一样安静，静静地来，又静静地离去了。这就是黎巴嫩千百年来，一代又一代，生生不息的圣谷。这是世俗的家园，也是精神的家园。

丛书部分人员合影，杨文学（左八）、王平（左十）、时延春（右五）。

投资、策划人杨文学与丛书主编时延春合影。